THE EMOJI CODE
How Smiley Faces, Love Hearts and Thumbs Up are Changing the Way We Communicate

表情包密码
笑脸、爱心和点赞如何改变沟通方式

〔英〕维维安·埃文斯（Vyvyan Evans）/著　翁习文/译　胡婧/审校

北京大学出版社
PEKING UNIVERSITY PRESS

著作权合同登记号　图字：01-2020-2637

图书在版编目（CIP）数据

表情包密码：笑脸、爱心和点赞如何改变沟通方式 /（英）维维安·埃文斯著；翁习文译. —北京：北京大学出版社，2021.4
　　ISBN 978-7-301-32124-9

　　Ⅰ.①表… Ⅱ.①维… ②翁… Ⅲ.①互联网络 – 表情 – 码 – 应用 – 心理交往 – 研究 Ⅳ.①C912.11

中国版本图书馆CIP数据核字（2021）第065400号

书　　　名	表情包密码：笑脸、爱心和点赞如何改变沟通方式 BIAOQINGBAO MIMA: XIAOLIAN、AIXIN HE DIANZAN RUHE GAIBIAN GOUTONG FANGSHI
著作责任者	〔英〕维维安·埃文斯（Vyvyan Evans）著　翁习文译　胡婧 审校
责任编辑	赵晴雪
标准书号	ISBN 978-7-301-32124-9
出版发行	北京大学出版社
地　　　址	北京市海淀区成府路205号　100871
网　　　址	http://www.pup.cn　新浪微博：@北京大学出版社
电子信箱	zpup@pup.cn
电　　　话	邮购部 010-62752015　发行部 010-62750672　编辑部 010-62752021
印　刷　者	大厂回族自治县彩虹印刷有限公司
经　销　者	新华书店
	650毫米×980毫米　16开本　15印张　插页4　154千字
	2021年4月第1版　2021年4月第1次印刷
定　　　价	55.00元

未经许可，不得以任何方式复制或抄袭本书之部分或全部内容。
版权所有，侵权必究
举报电话：010-62752024　电子信箱：fd@pup.pku.edu.cn
图书如有印装质量问题，请与出版部联系，电话：010-62756370

推荐序

我的同事翁习文在去年抗疫期间，宅家没闲着，翻译了一本很有意思的书，就是这本《表情包密码》。本书的作者是英国一位语言学和数字时代沟通领域的专家——维维安·埃文斯（Vyvyan Evans），埃文斯教授在大约5年前就开始研究网络社交平台上的表情包，这本书就是他过去几年的研究成果。

今天，表情包已成为人类图像社交的常用符号，在世界各国网络社交平台，无语言障碍、无疆界地使用。这些"笑脸""爱心""点赞""惊讶"及"哭脸"的圆形符号，早已成为社交语言的一部分，并与文字混用，有时甚至还取代了文字，单枪匹马，冲上阵来。

我们使用了几千年的语言文字，怎么会杀出来一群"表情包"呢？这种非文字符号是在什么原因下产生的？是因为网络上的文字社交表达不够多元吗？是文字不能快速表达我们丰富的情感吗？是网民对文字已经厌倦，毫无新鲜感，转而寻求更新颖的表达方式吗？或者干脆就是因为手机录入文字太麻烦，还容易出错，不如点一下"笑脸"就"秒发"了。

我是本书的第一个读者，去年阅读译稿，让我知道了许多表情包的新知识：为什么表情包突然涌进我们的交流空间？为什么表情包一出现，立即就被世界各地的网民不约而同地欣然接受？为什么管理语

表情包密码

言文字的相关机构对表情包没有任何反应？为什么全球网民事先没有沟通和协商，就自然以行动表示了高度共识？为什么没有任何语言文字相关的权威机构对表情包做出定义？也没有任何一个国家的司法部门对表情包的动机和后果做出司法解释？表情包为什么没有类似语言文字标配式的"字典"和"识字课本"？

读完全书，我明白了：表情包完全不是按照语言文字的规则来发展的符号系统。在信息社会，在网络社交场合，表情包是适应网民社交"痛感"和需求应运而生的。表情包让网民看了就会用，用了就明白其意，明白其意就会产生共鸣，所以表情包是一种网络社交的新生"物种"。这个新"物种"是自下而上自然生成的，不是由权威机构发布，也并非被标准化定义的概念。它们生于草根，长于应用，更新发展于网速的提高，以及智能手机功能的发展。在网络社交领域，由于表情包的出现，"文字"在网络社交场合越来越多地成了"冗员"而被裁减，替代文字的表情包们却越来越忙活。

译者翁习文是一位非常优秀的年轻学人。他对新生事物比较敏感，喜欢研究问题。对于网络科技操作，他很快就能学会并运用自如。对于表情包、动图和短视频他更是不在话下。在网络技术方面，他是我这个"50后"的老师。这并非客套话和谦辞，就是实打实的现状。在校园里活跃的"80后""90后"和"00后"们与我这个"50后"最大的区别，就是他们在网络信息科技方面的"天性"。这种与生俱来的"天性"，是因为他们伴随着网络科技时代发展而成长。他们不像我，遇到电器设备和网络问题，先找说明书来研究一番，然后再动手操作。他们先在网上找相关视频，边看视频边动手实践。只要能上网,他们就能自学这些技能。他们观看视频和动手实践几乎是同步进行的,而且还能同时听音乐、进行微信互动等。他们的大脑可以同时处理多种信息,我不能掌握"同步多任务处理"方式。他们摆弄几分钟,就学会了,然后就可以教给我如何使用。在网络时代,我感觉"教师"的定义,也在发生着"迭代"式的变化:从"能者为师"变为"网者为师"。我这么说,一点都不过分。

我要感谢本书的译者在不平凡"抗疫阶段"的庚子年,用他辛勤的翻译工作为中国读者贡献了一分力量,感谢北京大学出版社的编辑和管理者为译著出版所付出的劳动。最后,特别感谢本书审校——高级翻译胡婧老师,一位意志超强的可敬的老师,一位以翻译服务社会,以阅读和传播知识实现自我价值的杰出译者,感谢她为本书所做的大量审校工作。我已经通读过本书译稿,收获颇丰。特此向读者推荐这本好书,我相信您也会与我一样开卷有益的。

很荣幸作序,于是写了上述一些读后感,读者还是尽快读正文吧,我就此打住。

北京大学政府运行保障研究院院长

北京大学法学院教授

吴志攀　谨致

2021 年 4 月 1 日于燕园

英文版序言：起点

一切都有起点。本书始于2015年1月，那是月底的一个周五下午，我正忙于填写按揭贷款申请。由于按捺不住性子，想找点儿别的事做，我反复刷新电子邮件。一次刷新后，我收到了一封来自伦敦《卫报》编辑的邮件，希望我给她回电话。我很想知道她找我干什么，便拨打了她的电话。

原来是有一则新闻报料，但似乎没人知道该如何处理其中的问题。事情是这样的，一名美国少年刚刚在纽约因涉嫌对警方恐怖威胁而被捕。但是，令新闻记者感到兴奋的点在于：所谓的恐怖威胁不过是使用了一些表情符号——一种小小的彩色象形符号。如今，超过90%的人会在智能手机和社交平台上将这些符号插入彼此的互动中。这位编辑问我："很少有语言专家知道什么是表情符号。您能为此写点儿有意义的东西吗？"出于好奇，我把按揭贷款文书放在了一边，说："让我考虑一下。"但她随即抱歉地表示："我今天下午就需要一些内容进行报道。"我说："嗯……好吧。"我当时还未料到，仅仅通过这些只言片语，一个历时多年的全新研究项目，一种以研究数字化文本交际为主的新型语言科学，应运而生。

那天下午所剩的全部时间我都在思考表情包这一现象。我想到了自己习惯用的那几种无聊的表情符号，眨眼、微笑，有时我还会用悲伤的表情。在那之前，我从没想过是否还有其他表情符号，甚至都没想过其来源。我努力回忆自己第一次意识到它们存在是何时，却难以想起来。它们似乎在某一天突然出现，从天而降，进入我们的智能手机。现在，表情符号似乎无处不在。实际上，2015年初，人们才开始大量使用它们。我不得不承认，自己都不知道其中一些是何意。例如，头上长着兔耳朵跳舞的双胞胎女孩的表情是什么意思？

我开始进行研究，很快发现表情符号其实是近些年产生的新现象。直到2011年，表情符号才作为标配，出现在iPhone和iPad的键盘上。2012年，表情符号成为Windows 8的标配，但直到2015年Windows 10发布时，才能在各种互联网浏览器中通用。2013年，表情符号成为三星（当时全球销量最大的智能手机制造商）智能手机安卓操作系统的标配。2015年似乎是表情包的转折之年，从某种奇形怪状、鲜为人知的青少年专属娱乐工具跃升成为与全体大众紧密相连的一种亲切交流方式，增强了数字化文本的表达效果。2015年年底，其中一个表情[①]甚至获得了牛津大学出版社的认可：被评为年度热词。表情包不再是一种有趣却无关紧要的一时风尚，而已成为主流。

我写了一篇文章——《表情符号能否用来制造恐怖威胁？》，发给《卫报》，几天后发表了。在接下来的几个月里，我不再思考这个问题。我在大学里教书，做了一些国际性的演讲，并着手编写一本其他主题的书（而且搞定了按揭贷款申请，搬了家）。

---

① 在牛津词典2015年年度热词（Word Of The Year 2015）中， 荣登榜首。根据Swiftkey公司的统计分析，该表情符号名为"笑哭了"（face with tears of joy），是2015年使用频率最高的"字"。——译者

然而，到了2015年4月，事情又有了新进展，这次，我再也无法脱身了。伦敦的TalkTalk电信公司与我联系，他们的手机部门想委托我进行一项研究，借此展开一场公关活动。他们希望了解表情包在英国智能手机用户中的使用情况，想知道人们如何以及为什么使用表情包。如今，有关表情包使用情况的报告比比皆是，营销公司、应用程序开发商和跨国公司在研究用户表情包使用习惯方面投入了数十万乃至百万美元。但在2015年年初，人们对这一新生事物知之甚少。TalkTalk公司说他们一直在努力寻找可以帮助他们的专家，我两个月前在《卫报》发表的文章让他们找到了我。因此，我帮他们设计了表情包用户使用习惯调查表，然后由一家市场调研公司负责对2000名有代表性的成年人进行了调查。我分析了调查结果，在此过程中开创全球表情包个人使用习惯的研究。随着调查结果不断积累，问题也开始涌现。我意识到，解决问题的唯一办法是暂时放下自己正在写的书，而将本书的写作提上日程。

短短几年内，表情包迅速流行，成为一个极富研究价值（而且数据充裕）的领域，用于探索人类交流的本质，包括语言的本质和功能以及交际中涉及的其他非语言部分。在以下各章中，我将讨论数字化通信环境存在的普遍问题，以及这些新的交流方式如何改变我们与线上"朋友"和"粉丝"的互动，其中包括许多我们从未谋面的人。我们探究表情包的世界，将探讨：交流的本质，语法的作用，语言的起源，决定语言的使用、变化和发展的社会及文化因素，语言的本质和组织方式，语言在人类思想本质方面揭示了什么，以及交际时如何产生意义。正如我们将要看到的，表情包远非某种昙花一现的时尚，而

表情包密码

是能够反映并揭示出交际的基本要素，进而阐释人性的意义。虽然这可能令非专业读者感到惊讶，但表情包所含内容确实远超你的想象！

接下来介绍本书中的专门用语。观察力敏锐的读者应该已经注意到，我有时用大写的首字母E来拼写"Emoji"（表情包）。在这种情况下，我将表情包看作一套具有规则、约定俗成以及受条件约束的标志符号，即一套交际系统。而当我使用"emoji"（表情或表情符号），或是"emojis"这一复数形式时，我指的是这一系统所包含的各个独立的表情符号。

表情包虽是一种交际系统，但它不是语言，而是代码。有时，表情包与语言十分相像，这其实并不奇怪，因为语言其实也是为了促进交流而形成的一套系统。但有时——事实上较为普遍——表情包在组织和用法上与语言有着明显不同。例如，表情符号往往重复使用（如一排笑脸），通过视觉上的重复来强调重点。但是，一个理智的人不会一遍又一遍地重复相同的短语或句子。一行红心的表情符号能够直观、清楚地表明爱意。但是"我爱你"这句话只需说一遍或写一次足矣。语言上不恰当的重复，可能还会显得不真诚。如同受惩罚的小学生被罚一行行复写，繁重的劳动让人滋生厌倦。

在本书中，我将探讨表情包和语言之间的相似点及不同点。还将探讨和对比其他交际系统，包括全面为我们提供交际资源的体系。

虽然本书的研究重点是表情包，但研究过程中经常会涉及语言与交流两者间关系的本质。语言是世界上最为复杂且自然发生的行为。我们人类是语言的受益者。每个孩子正常发育到4岁后，都是语言天才——这是地球上其他物种所无法比拟的。全球各地的语言不尽相同，各有特色，差异往往大得惊人。

　　数字化文本交际指两人或多人间用电子设备进行非口头的交互，包括但不限于短信、即时消息和社交媒体中的帖子。我们将看到数字化文本交际创新融合了现有认知和人际交流方式。具体而言，表情包和其他交际系统一样，其基础是一种源于进化、人类特有的相互协作本能。然而，至关重要的是，在崭新的21世纪数字化文本交际时代，表情包正进一步挖掘人类沟通的潜力。现在，让我们开始一探究竟。

莫妮卡,你是我一生的挚爱
第一次见到你,就改变了我的一生
而我们的相爱始于表情包

目 录
CONTENTS

01 表情包是新的通用语言吗？.................................. 001

02 表情包犯罪和交流的本质.................................. 025

03 一个年度热词揭示了什么？.................................. 055

04 表达情感的秘方.................................. 085

05 多彩的文字.................................. 117

06 一图胜千言.................................. 145

07 因世界之变而变.................................. 165

结语：交流的未来.................................. 199

主要参考文献.................................. 207

致　谢.................................. 217

译后记　数字时代的沟通——"共情"的力量.................. 219

表情包是新的通用语言吗？

婚礼常被认为是人生中最重要的活动之一。在这场凝聚着希望和梦想的仪式上，我们承诺分享彼此的喜怒哀乐。婚礼也标志着生活状态的转折，从一个人的闲暇过渡到组建乃至经营家庭所承担的重任和压力。当然，在婚礼这个重要的日子到来之前，多数人都会感到紧张。

2015年4月，网球明星安迪·默里（Andy Murray）与他交往多年的女友金·西尔斯（Kim Sears）完婚。与当今名人一样，在婚礼前，他向亲朋好友和粉丝发了一条消息。在21世纪社交媒体大行其道的时代，这条婚礼消息其实就是他在婚礼当天早晨发布的一条推文（请见图1-1）。其中，默里表达了对这一天的希望和期待，也透露出他的紧张情绪。但引发热议的是，这条推文实际没什么内容，只有一堆表情符号。

图 1-1 默里在婚礼当天所发的推文

默里的推文以图像的形式呈现了婚礼当天的各项活动,正如他所期望的那样:清晨的准备、激动的心情、往返教堂、婚礼后的派对、同床,最后是疲惫地呼呼大睡。尽管默里的表情包推文成为当时的头条新闻,但其实这并不是个案。澳大利亚前外交部长朱莉·毕晓普（Julie Bishop）十分热衷于使用表情包,2015 年 2 月,她成为全球首位全程使用表情包接受采访的政府官员,采访通过 iMessage 进行,并在 Buzzfeed 网站①上公布。其中一个问题是要求毕晓普女士用表情包来形容世界各国领导人的性格特点。有趣的是,她选用"跑男"的表情代表澳大利亚时任总理托尼·阿博特（Tony Abbott）,而用一个愤怒的红脸表情来形容俄罗斯总统弗拉基米尔·普京（Vladimir Putin）。

---

① Buzzfeed 是美国的一个新闻聚合网站,2006 年由乔纳·佩雷蒂（Jonah Peretti）创建于美国纽约,致力于从数百个新闻博客那里获取订阅源,通过搜索、发送信息链接,为用户浏览当天网络上最热门的事件提供方便,佩雷蒂也因此被称为媒体行业的颠覆者。——译者

即便是英国广播公司(BBC)这样的大牌媒体机构也未能免俗。每周五,BBC网站上的"新闻节拍"(Newsbeat)页面(BBC电台Radio 1的一个新闻资讯类节目,主要面向年轻听众)会用表情包发布新闻,邀请听众猜测表情包标题的含义。读者朋友,你也不妨来看看自己是否能理解图1-2表情包"句子"的含义。

图 1-2　BBC 网站"新闻节拍"页面上的小测验

以下哪项是这个表情包句子的正确翻译?
1. 四名登山者发现了一个他们认为是渡渡鸟蛋的东西。但事实并非如此。这种鸟已在450年前灭绝。
2. 一项民意调查发现,四分之一的人不知道渡渡鸟已灭绝。
3. 四个孩子通过基因再造渡渡鸟而赢得了一项科学竞赛。
答案:2。

文学经典也不例外。肯·黑尔(Ken Hale)是一位从事视觉设计的表情包"发烧友",他将刘易斯·卡罗尔(Lewis Carroll)长约27 500字的经典著作《爱丽丝梦游仙境》(*Alice in Wonderland*),转译成由约25 000个表情包组成的图画书。图1-3展示了这位艺术家创作的一些表情包句子示例。

表情包密码

图1-3 肯·黑尔用表情包转译的《爱丽丝梦游仙境》中的句子

当然,读懂表情包句子很困难。正因如此,"新闻节拍"节目中表情包标题含义小测验其实就是一项竞猜。读完这些表情包"译文"的那一刻,你会不由自主地点点头,阅读的满足感和由此衍生的幽默感油然而生,此番译文能让我们理解这些表情符号如何组成有意义的表情包句子。但如同表情包版的《爱丽丝梦游仙境》,这一切都表明表情包的功能和语言不尽相同。表情包缺乏语法,缺少将单个象形符号组合成更复杂的意义单元的规则体系,我们将在本书以下章节中就这一话题进行更深入的探讨。因此,我们需要一个"帮手"去理解"新闻节拍"和《爱丽丝梦游仙境》的样例。

表情包正变得无处不在。纽约公共广播电台(WNYC)推出了一项有关纽约地铁①出行的服务,让乘客用表情包表达对纽约市(NYC)

---

① 纽约地铁系统乘坐规则大致是:目的地在现位置以北,则搭乘"上城"(uptown)方向;目的地在现位置以南,则搭乘"下城"(downtown)方向。——译者

地铁线路运行状况的直观感受。如 WNYC 网站所述:"我们正在尝试通过监测出行高峰时段的发车间隔,以及拥挤站点的痛苦指数,预报纽约各条地铁线路的乘车环境。"样例如图 1-4 所示。

图 1-4 纽约公共广播电台用表情包制作的"纽约地铁实时痛苦指数"(NYC live subway pain index),反映了纽约地铁的实时出行信息

表情包密码

相应地，一家业内领先的在线杂志编辑并制作了一张表情包版本的伦敦地铁（伦敦人将地铁亲切地称为"tube"）线路图。熟悉伦敦地标的人会立即认出"天使"（Angel），"银行"（Bank），"皮卡迪利广场"（Piccadilly Circus）等地铁站（参见图1-5）。

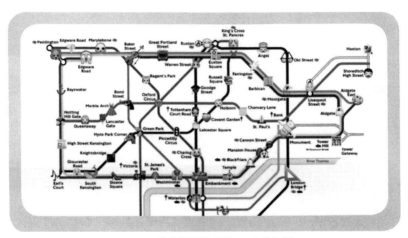

图1-5　伦敦地铁线路图——表情包版

但这一切都只是噱头和一时的风尚吗？表情包能在数字时代的交流中真正取代语言吗？或是其本身就会发展成一种成熟的语言？为何年轻一代是最热衷于使用表情包的用户群体？除此之外，人们的阅读和拼写能力会随着表情包的大量使用而日趋下降吗？最后，表情包的使用对于数字时代的语言及未来的人类交际意味着什么？这些正是本书想要探讨的问题。在此过程中，本书还将探讨语言的标准，语言在交际中扮演着怎样的角色，以及关于这些议题，表情包密码又会揭示什么。

表情包的兴起

英文"emoji"一词由两个日语单词"e"（图像）和"moji"（字符）组合而成。先对表情包做简单说明：表情包是在数字键盘中可供录入的五颜六色的符号（如眨眼、笑脸、爱心等），是一个个字符图像，即象形符号。表情包自2011年首次在移动设备上出现以来，风靡全球。从构成上来说，与其他字符一样，表情符号是用于数字通信的一种图形字符编码，在即时信息和社交媒体中尤为流行。表情符号，即"图像字符"，是对感觉、想法、实体、状态或活动的一种视觉呈现方式。从历史的角度看，第一批表情符号于20世纪90年代末在日本问世，用于全球首个手机互联网系统，然后由日本都科摩电信公司（NTT DoCoMo）[①]推动发展。最初有176个表情符号，在21世纪初迅速增加，主要受日本移动设备领域的激烈竞争驱动。美国加州统一码联盟（Unicode Consortium）是一个致力于确立全球通用软件标准和数据格式的机构，于2009年批准了700多个表情符号的使用，主要参考日本移动设备上表情符号的使用情况。统一码联盟批准的表情符号在2010年向全球软件开发商开放。截至本书撰写时（2016年6月），已有1851个表情符号经统一码联盟批准，供软件开发商使用，其中包括"肤色修饰符"（skin-tone modifier）和其他各种系列的

---

① NTT DoCoMo是日本的一家电信公司。"DoCoMo"是取"Do Communication over the Mobile Network"（电信沟通无界限）中的首字母，在日语中有"无所不在"的意思；在北京和台北的分公司译为"都科摩"。——译者

表情包密码

组合，这一数字还在继续上升，欲知最新相关信息，包括表情包的知识、数据和多平台共享的象形符号，emojipedia.org 是最权威的网站①。但我们从一开始就要明白，表情包与英语、法语、日语等语言不同，并非普通意义上的语言，至少现在还不是。本书第三章将论述语言的构成，以及像表情包这样的"类语言"是如何形成的。关于表情包是否会演变为一种语言，本书也会详述。我们需要明晰，表情包代表了一个强大的交际系统；表情包虽不是语言，却实现了语言相关的一些功能。

表情包无疑成了当今世界最通用的交际形式，但鉴于表情包上述特点，这又令人很不解。英语通常被认为是世界通用语言，因此将表情包与英语进行比较，以此为出发点，对厘清事实大有裨益。

尽管将英语作为母语的人数，低于其他一些语言——近 9 亿人以汉语（普通话）为母语②，4.27 亿人以西班牙语为母语，但英语在世界性语言中有着无以比拟的独特地位。将英语作为母语的人数有 3.39 亿，另有 6.03 亿人将英语作为第二语言。这意味着全球约有 9.42 亿人基本能讲流利的英语。此外，超过 5 亿人具备一定的英语表达能力，现今共计超过 15 亿人能较为熟练地使用英语。英语是 101 个国家的主要或官方语言，从加拿大到喀麦隆，从马耳他到马拉维，覆盖程度远超其他语言。从小小的岛国发源地开始，英语已遍及世界，其广泛传播

---

① emojipedia.org 网站是一个表情符号搜索引擎，它可以根据名称、类别或平台等选项快速搜索出要寻找的表情符号。——译者

② 此处指说普通话的人数，不包括方言和少数民族地区使用普通话的情况。——审校者

缘起自大英帝国的实力和领土扩张——在其鼎盛时期，英国是历史上最大的帝国，也是一个多世纪以来全球最重要的经济强国。到 1913 年，约有 4.12 亿人受英国直接统治，几乎占当时世界人口的四分之一；在 1914—1918 年第一次世界大战之后，大英帝国控制的领土达 1370 万平方英里①，约占世界陆地总面积的四分之一。自第二次世界大战以来，美国取代英国成为世界头号强国，英语的影响力继续不断扩大。

英语的影响深远，其中有趣的证据源于"伪英语"（pseudo-English）②——指听起来像英语但其实不是英语的词。荷兰人和德国人将移动电话称为"handy"③，许多人甚至确信这就是手机的英文单词。在日本，移动电话是"cellar phone"。更奇怪的是，在法国巴黎，迷人女郎会沉迷于"unbrushing"——指美发定型，而不是字面看上去的"未梳理"。在莫斯科，伪英语"feyskontrol"，源自英语词"face control"，指在高档夜总会中，那些长相不太符合夜总会要求的人会被禁止入内。这样的例子不胜枚举。如今，在全球各种广泛的交流环境下，英语惊人的影响力无处不在：从商业到外交，从航空到学术出版，英语已成为全球通用语言。

但尽管如此，英语与表情包相比，仍显得相形见绌。

---

① 约合 3548.28 万平方千米。——译者
② 伪英语现象指的是在除英语之外的语言中出现的一些类似英语的借用词，这些词被以英语母语者不太容易识别或理解的方式使用。——译者
③ "handy"这个德语词看起来和听起来都很像英语，但是英国人却很少用它来称呼"移动电话"，而是用"mobile"或"cell phone"。在英语中，形容词"handy"的意思是"实用的、方便的"。——译者

表情包密码

从以下几个维度我们可以看出表情包的使用增长情况。其一极为显而易见，即智能手机的迅速普及——在此明确一下，智能手机被定义为具有移动互联网功能的无线电话。智能手机上的数字键盘是最早带有表情符号的配置之一。如今，全球近四分之一的人拥有智能手机。通过对41个国家和地区的手机用户使用习惯的调查，估计当前全球有超过20亿部智能手机，而且这一数字还在继续上升。截至2016年，全球有32亿人（占世界人口的一半）经常访问互联网，而75%的互联网用户通过智能手机上网。

具体来看，2014年中国智能手机保有量超5亿部；2016年印度智能手机用户超2亿人；2017年美国65%的人口拥有智能手机。仅就智能手机而言，截至2015年，全球每天发送约415亿条信息，而在社交媒体应用上，每天发送的表情符号超60亿个——数字极其惊人。

从另一个维度看，表情包在社交媒体应用中的使用情况也可反映其普及速度。以广为流行的照片和视频分享平台Instagram为例。Instagram成立于2010年，每月活跃用户数超3亿人，每天分享的照片和视频数超7000万。事实上，截至2014年年底，全球16岁至64岁的互联网用户中，有五分之一拥有Instagram账号。在苹果iOS系统推出带有表情包的键盘功能首月内，Instagram分享中带有表情符号的发文数量占比从0%跃至10%。安卓系统引入表情包，更加快了这一增长势头。到2015年3月，Instagram上近一半的文本都含有表情符号。图1-6说明了这一趋势。

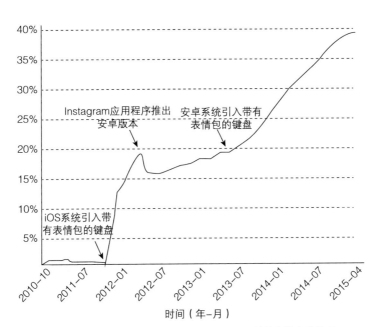

图 1-6 带有表情包的发帖数在 Instagram 总帖数中的占比情况

还有一项表情包使用量不断攀升的证据，是来自互联网文本俚语的消亡。例如，在短信和社交媒体应用中使用的缩写，如"lol"（大声笑）、"lolz"（大声笑——带有讽刺意味）、"imao"（在鄙人看来——用于自信地断言某事），"omg"（哦，天哪——用来表达负面的震惊或惊讶），正逐渐被相应的表情符号所取代。

例如，在 Instagram 上的文字标题中，表情包已取代了一系列具有相关语义的互联网俚语。其中包括：lolol, imao, lololol, lolz, lmfao, lmaoo, lolololol, lol, ahahah, ahahha, loll, ahaha, ahah, lmfaoo, ahha, lmoooo, lolll, lollll, ahahaha, ahhaha, lml, lmfaooo。此外，许多俚语仅限于在一种语言环境下使用（因其在

表情包密码

英语、德语、日语等不同语言环境下,形式不同),与这些俚语不同,表情包如今已成为 Instagram 各种语言版本的用户几乎通用的交流方式。表 1-1 列举了一些表情符号代替互联网俚语的范例。

表 1-1　表情包代替互联网俚语的范例

文本	互联网俚语	表情符号
哈哈	haha/lol	😂
好的(Okay)	K	👌
点赞	Like	👍
一会儿聊	Ttyl	👋
只是玩笑而已	jk	😉
我爱你	ily	🖤

研究表明,英国约 80% 的智能手机成人用户(年龄在 18 岁至 65 岁)在其信息中会经常使用表情符号,不可思议的是,其中约 40% 的英国人发送过只有表情符号的信息。除此之外,在布鲁克林,自诩为艺术家兼黑客的马修·罗滕伯格(Matthew Rothenberg)设计并推出了一款推特(Twitter)表情符号实时跟踪程序,可以显示任一时间段在推特上流行的表情符号数量和类型。自 2013 年 7 月 4 日 emojitracker.com 网站建成以来,罗滕伯格追踪到超过 160 亿条包含表情符号的推文——对于他这样的数据迷来讲,即每天每秒产生数百条包含表情符号的推文!

最终,无论从哪个维度去看,表情包的使用率都是惊人的;而这也让人们相信,表情包已成为一种真正的全球交流形式。不管你的母语是英语、芬兰语还是朝鲜语，都已不重要：所有——或几乎所有人都在"说"表情包，表情包在每一种语言中具有大致相同的含义。

让表情符号融入生活

一个问题随之而来，能否自创表情符号？答案是肯定的。例如，芬兰外交部创建了一套展现自己国家特点的表情符号。其中包括蒸桑拿的人①、诺基亚手机②和重金属摇滚乐迷的表情符号③（见图1-7）。

图1-7 一组展现芬兰国家特点的表情符号

---

① 芬兰人酷爱蒸桑拿。——译者
② 诺基亚3310手机，在智能手机时代之前，这款手机广受欢迎。——译者
③ 芬兰人对重金属摇滚乐极度热爱。——译者

表情包密码

尽管芬兰是世界上第一个通过表情符号来彰显民族特点的国家，但你不会很快在智能手机数字化键盘上找到这些表情符号。这是因为芬兰外交部发布的这些表情符号尚未得到统一码联盟的正式批准，而芬兰也没有提交相关申请的计划。

新的表情符号（为旅游或营销活动等特定目的而定制的表情符号除外）必须满足各种标准，才能进入最初的严格审查环节，确定能否正式获批，继而出现在智能手机数字化键盘上。审查过程真的可能会很漫长，从一个新表情符号获得最初的官方"候选资格"到正式获得批准大约需要18个月的时间，而且许多表情符号甚至在初审时即被否决，永远不能进入候选阶段。即便表情符号通过审核并获得批准，要进入数字化键盘可能还需要一段时间，需要几次智能手机操作系统的更新，有时甚至需要几年才能进入你的智能手机或平板电脑。因此，像芬兰外交部创建的那种定制符号通常被称为"贴纸"，而不是表情符号。贴纸是一种定制的类似表情符号的图片，与某个应用整合，必须从在线应用商店下载，才能用于即时消息或社交媒体。

2016年1月25日，美国旧金山的美籍华裔女商人陆怡颖取得了芬兰望而却步的成绩。通过众筹，陆怡颖成功地推动饺子表情符号获得了官方候选资格（请参见图1-8）。她认为应该让饺子加入不断壮大的食物表情符号系列，其他食物表情包括比萨饼、汉堡包、甜甜圈，甚至还有墨西哥玉米卷饼，其中墨西哥卷饼表情符号受到Change.org网站[①]

[①] Change.org网站是一家以公益请愿为主要服务产品的营利性企业。——译者

请愿活动的支持,组织者不是别人,正是塔可贝尔连锁餐饮公司[1]。

图 1-8 饺子表情符号

表情包的整个审批过程由组成统一码联盟的少数美国跨国公司所控制。新表情符号有着严格的入选标准:例如,不能描绘在世或已故的人物及神灵形象。这就是为什么没有佛陀、约翰·列侬和麦当娜等表情符号。此外,申请的表情符号要成为"候选者",而不是直接被淘汰,自身必须具有潜在的广泛吸引力。在这一点上,饺子表情符号似乎符合该条件。简单来说,饺子这种面皮包裹馅料的食品,从意大利方饺(ravioli)、俄罗斯汤团(pelmeni),再到日本煎饺(gyoza),在世界各地广受欢迎。阿根廷有肉馅卷饼(empanada),犹太人的美食有三角馄饨(kreplach),韩国有韩国饺子(madoo),中国有中国饺子。但是,中国饺子迷陆怡颖女士想给朋友发一条关于这一美食的消息,却找不到一个可用的表情符号。

---

[1] 塔可贝尔(Taco Bell)是世界上规模最大的墨西哥式风味连锁餐饮品牌,隶属于百胜全球餐饮集团。——译者

表情包密码

2016 年初，饺子表情符号在加利福尼亚正式获得候选资格，当即便成为世界各地的头条新闻；连广播媒体都参与了进来。我受邀参加 BBC 广播电台的一档节目，与陆怡颖女士一起作为嘉宾讨论饺子表情符号众筹项目的成功。该项目在 Kickstarter 网站①上发起，大获成功，在几个小时内就达到了 12 000 美元的筹款目标。但新闻媒体提出了一个问题：为什么对一个饺子表情符号大动干戈？这难道不是一种轻浮的疯狂，一种高价的愚蠢吗？

恰恰相反，表情包很重要。饺子表情符号认证项目的意义远不止简单地将旧金山湾区（Bay area）一位商人最喜欢的食物作为表情符号获得认证，而是互联网发挥作用的一个实例。事实上，该项目的口号正是："人民表情包为人民。"

表情包之所以重要就在于：无论惹你爱还是让你烦，它都已成为当今一种全球性的交流形式；如上文所述，全球 90% 以上的互联网用户在社交媒体应用中使用表情符号，超过 80% 的成年人经常在智能手机信息中使用表情符号，18 岁以下青少年使用的比例可能高得多。简而言之，全球大多数智能手机用户大部分时间都会使用表情符号。然而，表情符号这种联系约 20 亿人的"语言"，却由少数几家美国跨国公司所掌控。统一码联盟的 11 个正式成员中有 8 个是美国公司：甲骨文（Oracle）、IBM、微软（Microsoft）、Adobe、苹果（Apple）、

---

① Kickstarter 网站于 2009 年 4 月在美国纽约成立，是一个专为具有创意方案的企业筹资的众筹网站平台。——译者

谷歌（Google）、Facebook 和雅虎（Yahoo）。此外，这些科技公司的委员会代表绝大多数是白人男性计算机工程师，显然无法代表全球多元化的表情包用户群（后文将再次提及）。截至 2015 年，大部分的食物类表情符号都与北美文化有关，还有一少部分（比如寿司表情符号）可追溯到表情包的诞生地——日本。

因此，推动饺子表情符号认证成功的要素之一就在于它更广泛的代表性。当然，单靠一次推广活动和一个新表情包的创建起不到太大作用。但饺子表情符号无疑有力地象征了全球文化（包括美食文化）多样性的一种感召力，特别是对于表情包多样性的一种呼吁。表情包最初只是一个源于东亚的有点奇怪而又鲜为人知的产物，但在此之后，控制权就归于几家美国巨头公司。另一方面，饺子在不同国家具有不同形状和外观，堪称真正的国际化食品。这符合表情包的全球性特征，即适应数字时代的准通用交流形式。

关于饺子表情符号认证项目，另一个有趣的地方在于项目突出了拜占庭式的表情包审批过程。表情符号要想获得候选资格，需要准备详细的申请书和表情符号设计图，因此就需要通过 Kickstarter 众筹平台获得资金。该申请由统一码联盟技术小组委员会评定，然后由全体委员开会审议。这与自然语言（如英语）的演变方式明显不同。例如，任何人都可以创造一个新词。但该词能否推广开，取决于它对我们是否有用，或者在某些方面是否具有价值。例如，术语"computer mouse"（电脑鼠标，1970 年首次获得专利并因在外形上类似于小老鼠而得名的一项发明），几十年来，它已成为家用电脑

表情包密码

的重要组成部分。在这种情况下,新单词的演变由现实必要性驱动,而不是像表情包那样由某个委员会决定采纳与否。值得注意的是,"computer mouse"中的"mouse"的复数形式并不是"mice",这说明"computer mouse"是一个新词,不同于其象形词"mouse"(老鼠)的本义。事实上,正如下文所示,就语言学家而言,他们希望维持语言标准,在"有害"的外部环境中保持语言的纯洁性,但这通常是徒劳。例如,虽有法兰西学术院(L'Académie française)竭力反对,但法国人依旧欣然使用外来英语词汇"email"(电子邮件)和"weekend"(周末),而不是冗长的法语同义词(courrier électronique;fin de semaine)①。自然语言是一个富有生命、不断进化的有机体,每天由其使用者塑造和更新。结果,试图保持语言纯洁性的学者们失败了,而拥有表情包的统一码联盟却成功了。

用饺子做载体,通过Kickstarter网站众筹和相关媒体宣传,陆怡颖女士的饺子表情符号认证项目成功地发动并教育了公众。意义之一在于让使用表情符号的大众意识到,新表情符号在问世前都会经历严格管控和纷繁复杂的审核程序。另一个意义是证明了原则上任何人都可以申请新的表情符号,经过耗时的审核过程,成功获批。当然如下文所述,申请新的表情符号难免会遇到这样或那样的问题,但这是我们每个人的权利,而非必先成为孜孜不倦的学者,入选某家神秘兮

---

① courrier électronique 在法语中是电子邮件的意思;fin de semaine 在法语中是周末的意思。——译者

兮的学院，身穿怪模怪样的长袍才能拥有的特权。

也许最重要的是，饺子表情符号认证项目非常有趣。就表情包而言，关键就在于好玩。这些彩色的象形符号为数字时代的文本消息增添了一丝个性，而饺子表情符号认证项目还证明了另一个有力且重要的事实，那就是在传达全球使用最广的交流形式应具有包容性这一简单主旨思想时，项目规避了性别、宗教和政治，同时还为我们展现出表情包兼收并蓄和与世无争的特性。也许这种新型、准通用的交流形式真的能联结世界，让未来变得更美好。

性欢、交流和情商

先撇开饺子不谈，在此有些问题需要认真思考：表情包为何以及如何成为一个真正意义上的全球交际系统。有些人认为表情包不过是青少年晦涩难懂的玩物，要把人类带回黑暗的文盲时代。我们应该认识到，这种偏见从根本上曲解了交流的本质，同时也极大低估了表情包在数字时代作为交流和教育工具可能发挥的强大而有益的作用。

我们常常认为语言在日常意义表达中起着关键作用。但实际上，我们在日常社交中所传递和接收的很多含义都来自非言语线索。在口语交际中，手势、面部表情、肢体语言和语音语调在为我们表达特定意义、调整意义的过程中起到了重要作用。一次眨眼或一个微笑所提供的关键暗示能让语言变得更易于理解，帮助我们领会说话人所要表达的含义。语调不仅可以为我们的口语加上"标点"（口语表达中没

表情包密码

有空格和句号,提示我们哪里是话语的始末),同时还提供了词语之外没有传递的"遗漏"信息。我们将在第四章对此做进一步探讨。

在交往日益频繁的社会关系和职场生活中,数字通信为我们提供了一个重要的交流渠道,但在很大程度上缺乏面对面沟通中所具有的丰富、交际性强的语言环境。数字化文本形式单调,有时在情感表达上也不够丰富。"短信体"(textspeak),即我们通过短消息和社交媒体应用在"线上"发送的文本信息,似乎剥夺了言语表达中各种细致入微的特点。表情包在这时便能派上用场:正如下文所示,表情包在数字化通信中发挥着与手势、肢体语言和语音语调类似的功能。表情包在短信、电子邮件和其他形式的数字通信中,帮助我们更好地表达语气和情感,从而更好地把控现时信息流,并准确理解话语含义。

事实上,单一的数字化文本会让人们难以感受到言语交际中的细微差别,这一现象甚至有了专有名词:波法则(Poe's law)。波法则最初源自内森·波(Nathan Poe)对原教旨主义观点的评述,现在已变成互联网箴言,在网络论坛和聊天室中被广泛提及;该词甚至登上了专属维基百科页面。英国《每日电讯报》(*Daily Telegraph*)对波法则的定义如下:"如果没有一个眨眼的微笑或其他明显的幽默暗示,就不可能创作出一个讽刺原教旨主义的滑稽模仿作品,并让他人不会误解这一作品要表达的真实含义。"换句话说,表情符号最适合用来消除在数字化通信中因开玩笑而引发的歧义;没有什么比翻白眼的表情符号更能表现"怎么,我是在调侃"。

在英国18—25岁的年轻人中，有72%的人相信表情包可以让他们更好地表达自己的情感，这并非偶然。表情包非但没有导致交际质量的下降，而且还增强了人们——尤其是年轻人——在信息时代的沟通能力。从这个角度来看，表情包的出现可视为21世纪交际环境中的赋能力量。

美国婚恋交友网站Match.com委托进行的一项研究给出了有力的例证。在其第五年度的《美国单身报告》（Singles in America report）中，研究人员首次调查了表情包的使用与"俘获"性伴侣之间的关系。该调查在5600多名单身人士中进行，他们都是其他交友网站的注册用户，其社会经济地位和种族背景可以代表美国全民构成情况。调查结果让人惊讶：单身人士在数字化通信中使用的表情包越多，他们约会的次数就越多；而且，他们的性生活也越多。在那些称自己经常使用表情包的人中，高达54%的人有过性行为；相比之下，不经常使用表情包的人，只有31%的人有过性行为。更让人惊讶的是，对于女性来说，表情包的使用与性满意度相关。研究发现，使用以亲吻为主题的表情符号的单身女性比其他单身女性有更多的性高潮。

显然，正如任何称职的科学家都会警告我们的那样，相关并不意味着因果关系。你不能简单地指望在信息中使用表情包，然后就能收获更多的约会邀请（要是那样该多好！），当然也不会神奇地有了更多的性高潮。表情包的使用代表了更多的其他因素。使用表情包会让你的潜在约会对象更容易判断你要表达的意思：表情包有助于更好地表

表情包密码

达和调整我们在数字化通信中的情绪,让对方准确地感知我们情绪的细微变化。对于这些发现,罗格斯大学生物人类学家、Match.com网站《美国单身报告》首席科学顾问海伦·费希尔(Helen Fisher)表示:"当今新信息通信技术在相当大的程度上损害了你的情感表达能力……不再有声音上的细微变化……因此,另一种表达情感的形式应运而生——表情符号。"

从本质上讲,并不是表情包的使用让你有了更多的约会,而是表情包使用者更善于沟通——这一观点我将在本书中反复强调。带有表情包的信息内容更具个性化,更能传递出要表达的情感意图,进而让对方产生更大的情感共鸣。

总的来说,风靡全球的表情包确与"情感"有关。总部位于伦敦的软件开发商SwiftKey进行了一项调查,分析了使用16种不同语言的用户发的超10亿条信息数据。有趣的是,排名前三的表情包都与情感表达直接相关。笑脸类表情(包括眨眼、亲吻、微笑和咧嘴笑)占所有表情包使用量的45%;悲伤类表情(包括愤怒的表情)占14%;各色心形表情(包括心碎的表情)占12.5%。超过70%的表情符号使用都与某种情感表达直接相关。这一调查与我的研究结果不谋而合,显示表情包是一种表达情感的有力方式,据用户报告,这种方式促进了数字化通信中与他人的沟通。

如今,英国普通成年人每周平均上网时间超过20小时,而24岁以下群体每周上网时间更是超过了27小时,这是互通互联的现代信息社会的真实写照。英国使用智能手机上网的人数也在上升。在这个全天候数字化通信时代，短信体已开始发展出口语交互中的各式交际工具。在数字时代，表情包是迄今为止文本信息的一个得力助手。可以肯定地说，随着表情包使用的内涵不断发展和演变，人们会逐渐认可其重要性。在许多方面，这才是刚刚开始。

表情包犯罪和交流的本质

2015年1月4日12时55分,奥西里斯·阿里斯蒂(Osiris Aristy)在Facebook上发布了一条对自己十分不利的信息。显而易见,这位来自纽约布鲁克林的17岁少年心烦意乱,甚至可能愤懑不平。作为一名年轻的非洲裔美国人,他对白人警察接连被曝枪杀年轻的非洲裔美国人一事感到愤慨和不满。奥西里斯通过上网发布一系列帖子发泄这些痛苦和不满,在这些帖子中,他痛斥以开枪为乐的白人警察,只会先开枪,然后再问问题。例如,1月15日发布的"我想杀人了"和"黑鬼冲我跑来,他会中弹倒地"等帖子。身为非洲裔美国人,四处遭难,这种脱离现实的嘲讽可能就是身处所谓自由之地的结果吧。

但并不是这些不满情绪让奥西里斯陷入困境。真正让他惹上麻烦的,准确地说,是他使用的四个表情符号。1月4日,奥西里斯发布了三把手枪指着一个警官的四个表情符号。在接下来的几天里,他还继续发布这些表情符号。更糟糕的是，他充满愤怒的帖子是公开的：Facebook上的任何人都可以看到。

1月18日，纽约警察局收到了逮捕令，获准逮捕奥西里斯，据奥西里斯的律师称，警察还搜查了奥西里斯的家。根据9·11恐怖袭击事件而颁布的法令，奥西里斯被指控发布恐怖威胁——威胁杀害纽约警察局成员。对奥西里斯的刑事指控称："由于此行为，被告已经导致线人和纽约市警察担心他们的自身安全和公共安全，并深感恐慌。"

该指控的依据是被告在Facebook上发布的四个表情符号，这也成为全球首例因表情包而被指控涉嫌恐怖袭击犯罪的案件。不论利与弊，表情包确实很重要。对于数字化通信来说，表情符号绝不是无关紧要的装饰，而是代表了一种强大的交流手段，如使用不当，甚至可以让你被捕。

该案例引发了许多有关人类交流本质的讨论。不言而喻，我们在交流时可以不需要语言，奥西里斯发布的表情包消息就证明了这一点。而且，学校老师都会告诉你，不听话的学生嬉皮笑脸背后往往心怀叵测。那么，交流的本质是什么？表情包犯罪对此又有何启示？

管道隐喻

关于交流的一个常见误区是错把"意义"（meaning）等同于客观存在的物质——几乎可以比喻为一种可用文字包装的东西。为了理解他人说话或书写的意义，我们必须对其话语进行拆解，挖掘其中的蕴含物，就像我们打开生日礼物的包装，揭开里面的惊喜一样。我们平常提到交流时的用词，也许更能揭示该误区。我们说"传递想法""整理思绪""溢美言辞""浓重笔墨"。我们说朋友、同事或恋人"给我们太多的信息"，抑或是"没有给我们明确的信息"。我们会抱怨说自己无法"清清楚楚、明明白白得知"朋友的想法或感受，抑或是"找不到其中的任何意义"。

请想一想。用这种方式看待交流，就形成了一个隐喻。没错，我们可以把生日礼物放在盒子里，用闪闪发光的纸包装一番，然后送给别人，但我们实际上无法把意义装入词语中，然后拆开来，展示其中的意义。正如颇具影响力的隐喻学者乔治·莱考夫（George Lakoff）和马克·约翰逊（Mark Johnson）所指出的，人们对交流的普遍看法，就是将语言比作管道。这好似将思想看作固料，有坚硬的边缘，可通过语言这一管道在一个大脑与另一个大脑之间传递。

管道隐喻，即"说话者将思想（物体）转化为词语（容器），然后将其（顺着管道）传给对方，对方将传来的想法（物体）从词语（容器）中取出"。为了"获得"语言管道中的意义，就需要拆开词语的过程。如果我们感到费解，那就是意义在传输过程中有所遗漏，我们会说"我弄不懂她在说什么"或"他的笔墨太浓重了"。如果有人不明白要点，我们会说"她没能剖析论点"。如果有人误解或过度解读，我们会说"我说的话，他理解过头了"。

在1979年颇具代表性的管道隐喻研究中，语言哲学家迈克尔·雷迪（Michael Reddy）提出了关于交流的管道隐喻应包含的四个主要部分，不论是否有意识，我们都在运用。首先，语言充当着管道的作用，是将思想的意义在人与人之间传送的一种渠道。其次，在作口头或书面表达时，我们本质上是将意义植入词语之中。再次，意义的传递通过人与人之间传达词语实现。最后，对于书面或口头的表达，我们从传达来的词语中提取意义，实现理解。简言之，我们对交流这一行为的凡俗之见是："意义"这个东西可以被包装成词语，然后通过语言，在人与人之间传递。

倘若"管道隐喻"只是某种本能的草草略述，让我们大概了解交际的作用原理，那倒也不错。但事实并非如此，"交流"并非像我们所认为的管道隐喻那般简单。

意义的可塑性

首先，"意义"并不是一种可以打包、再通过语言管道传播出去稳定不变的东西。这是因为意义与词语——或表情符号联系在一起，并非固定不变；正相反，意义是不断变化的。

在讨论表情包之前，让我们先来探讨语言的问题。从表面上看，如果说"意义"是多变的，词语也总是像橡皮泥那样不断改变形状，这听起来可能有悖常理。至此，我绝不是说词语没有任何意义，也不是说一切皆可。在刘易斯·卡罗尔的儿童经典著作《爱丽丝镜中奇遇记》（Alice Through the Looking Glass）中，矮胖子（Humpty

Dumpty）可以说是卡罗尔笔下的首席语言分析师。矮胖子漫不经心的做法是要否定一个词的任何固定含义，他用相当轻蔑的语气说："当我使用一个词时，它所表达的正是我所意指的——不多也不少。"假如矮胖子是对的，即一个词可以代表说话人希望表达的任何意义，那么语言在交际中将毫无作用，如同彼此各说各话或各圆其说：此时，语言不会提供任何语义基础或建立共同点。

不言而喻，语言要在口头和书面交际中有效地发挥作用，就必须具有相对一致且广为人知的意义。毕竟，例如下面这两句话："她跑上楼梯"与"她冲下楼梯"，其意义上的差别源于你我对"上"和"下"限定的意义。两者的意义相对稳定，众所周知，都是指纵轴的不同方向，这就为某一语言的共同使用奠定了意义基础。

虽然语言意义与矮胖子"一切皆可"的观点相去甚远，但词语在表达既定或赋予的意义时确实可塑。一个主要原因是我们永远都在通过词语所处的语境来理解他人的话语；一个词的意义受说话者身份、说话时间和说话地点的影响，与词本身的语义同样重要。

语言学家斯蒂芬·莱文森（Stephen C. Levinson）举了一个著名的例子，他让我们想象从海里捞出一个漂流瓶的情景。打开瓶塞，发现里面有一张字迹潦草的纸条，上面写着："一周后带着这么大的棍子来这里见我。"然而，我们并不清楚是何人、于何时何地写的这张纸条，做的什么手势，因此根本不知道应该带多大的棍子，应该带到什么地方，几时见对方，甚至都不知道怎么才能认出对方。因此，若缺少必要的上下文，我们将不知所措。

表情包密码

抛开漂流瓶,下面说说现实生活中更为实际的例证。你正在一家快餐店排队等候。快排到你时,柜台服务员一边示意你是下一位顾客,一边说:"What's up?"① 事实上,没有哪个头脑正常的人会认为这句话是服务员真心诚意地在关心他们的近况。想象一下,假如身边的顾客和服务员听到我以抱怨生活种种困苦之事作答,他们会有多么惊讶。

若自己在这种情况下听到这句话,无论是否有意识,我们都不会按照服务员所说的字面意思去理解,而是会将这句话放在快餐店这一特定场景去判断。这包括了解我们当时的身份:我们是顾客,说话者是为我们提供服务的快餐店员工。鉴于此,我们还会预估说话者可能的交际意图是什么,得出结论:服务员不会因有生活不顺的顾客而询问个人近况。

我想说,"意义"绝不是一种可用语言巧妙包装的稳定物,然后像管道隐喻所描述的那样再被拆开即可。"意义"是一个实时交际过程,是动态和可变的,而不是像电线杆、建筑物和山脉那样,客观地存在于我们的外部世界。在人际沟通中,想法不会凭空而来:词语的意义总是由人物、地点和时间所决定。

任何一种交际系统都与其使用环境息息相关,表情包和语言也是如此。例如,在所谓的色情信息领域,表情符号给双关语增添了新的色彩。例如,在英国或美国的某些圈子里,茄子的表情符号代表男性

---

① 通常为好友间询问近况的用语,在此也可理解为:"你想要什么?"——审校者

02 表情包犯罪和交流的本质

生殖器官；而各种植物和花卉的表情符号，包括桃子的表情符号，则代表女性生殖器官。

茄子表情符号和男性生殖器之间的相似性提供了一种视觉隐喻，可能会在恋爱关系中以一种有趣而不那么直白的方式传递发送者的想法。一位敢于创新的美国企业家利用该表情符号代表的隐喻，为用户建立了现实中的"邮寄茄子"服务，并因此走红。只需几美元（或者几英镑——以你所在地的币种而定），用户就可以在世界各地匿名邮寄一个刻有个性化信息的茄子。正如公司宣传语："我们身处各地的客户都在用长得像阳物的茄子重归于好、分道扬镳或庆祝生日。"定制信息如，"你弱爆了，我们结束了"或者"淘气包，生日快乐"。图2-1展示了该公司网站公布的一条信息。截至目前，自网站投入运营以来，已寄售超过 16 000 个"荤"茄子。

图 2-1 一个可邮寄的定制茄子

表情包密码

然而，敬请注意，水果或鲜花的表情符号，唯有在特定场景下，才能作为男性或女性生殖器的视觉隐喻。当讨论食物时，茄子和桃子仍然是蔬菜和水果。但是，发信人和收信人处于恋爱或调情氛围之中，这一语境就赋予了这类表情符号不同的意义，偏向于两性关系。以茄子为例，如果第二层性欲的意义使用频繁，那么随着时间的推移，就会成为茄子的一种常见意义，相关表情符号用户群甚至将其视为茄子的主要意义。如一位记者所述，茄子是"城里最下流的农产品"，这种意义上的转变影响了人们对茄子的普遍看法。例如，在 2015 年，Instagram 推出表情符号搜索功能，用户很快就注意到，茄子表情符号被屏蔽了。虽然用户可以搜索到更多"躺枪"的水果，比如香蕉，但"令人反感"的茄子实在太有挑逗性了。正如一家报社所刊的诙谐标题："这是你 Instagram 订阅上的一个表情符号吗？还仅仅是你见到我很高兴？"随后，Instagram 公司撤销了对茄子表情符号的禁令，也许是因为怕落得土里土气的"保姆"平台或力推审查制度的坏名声吧。

事实上，内在的隐喻性是表情符号在不同语境中转换意义的常见形式。有时会使用现成的语言隐喻。例如，通常人们将小贩或江湖骗子称为鲨鱼。但是这一陈词滥调——如我的律师是条鲨鱼，用表情符号表达就更有趣了：我的律师是一条 🦈 。

但在这样的例子中，视觉隐喻并不是基于外观的相似性，这与茄子的实例不同。毕竟，作为律师，并不一定要在外表上长得像鲨鱼。在"律师是鲨鱼"样例中，隐喻不具有感观性，而是功能性。比如，鲨鱼在杀死猎物之前，会绕着猎物转，这一攻击性和怪异行为，至少在某些人的经历中，与律师在辩护场景中的行为相似。

表情符号产生不同意义的另一个因素源于不同平台的呈现样式。尽管统一码联盟建立了国际标准，让每个表情符号都有自己的"码位"，但各操作系统（苹果、谷歌、三星等）在设计和呈现图像的样式上略有不同。为了说明这一点，同时与本章主题保持一致，在此以手枪的表情符号为例。虽然全球统一码联盟指定了手枪的表情符号，但各软件开发商在设计和呈现上都有其各自的专利样式。图 2-2 展示了不同平台的手枪表情符号。

图 2-2 各大平台的手枪表情符号图案

从左到右分别是：微软的 Windows 10、LG 和苹果的 iOS 10.0

微软是左轮手枪，LG 是普通手枪，而苹果的 iOS 10.0 则是水枪。正是由于这些不同的视觉样式，表情符号在每个平台上代表的含义略有不同。这会导致表情符号使用者在接收或发送手枪表情符号时，实际感知到的意义不同。人们收到的是手枪还是水枪的表情符号，这很重要，因为这会改变表情图像所代表的意义。毕竟，如果奥西里斯·阿里斯蒂发布的是水枪表情符号，而不是他所使用的真枪图像，纽约地区检察官大概就不会对他发出逮捕令了。

表情包密码

百科大脑

现在，让我们更细致地研究上述现象，为什么表面上看似同类的表情符号（如枪的表情符号）会导致意义上的差异？诚然，水枪的形象明显让人联想到一种没有恶意的玩具，而左轮手枪的形象则让人联想到一种致命的武器。事实是，正如语境会影响表情符号的意义，我们对表情符号的主观认知也会影响其意义。

交际系统中任何有意义的元素都相当于一个符号，以物理形式再现相关的普遍为人接受的或常规的意义。例如，在英语中，语音元素 /k/，/æ/ 和 /t/，按特定顺序排列，即成了 "cat"（猫）的口语符号。而图形 🐱 在相同的概念上创造了表情符号。

虽然符号——词语或表情符号——都代表着某种意义，但我们头脑中对符号意义的认知与其在标准词典中找到的简洁、有限的定义可能相去甚远。事实上，表情符号和词语一样，能够表达复杂的意义主体，丰富而多样。一个词或表情符号所涉及的知识体系更像是一部百科全书，而不是一本字典。正因为我们拥有丰富的知识体系，所以我们对同一个表情符号的不同呈现样式会产生不同的理解。

为了更好地说明这一点，我们先从语言开始分析，然后再回到枪的表情符号这一引例。以"书"为例，让我们来探索你所知道的关于书的一切。我们知道，传统的书包括一些实物材料，如封面、书页、装帧等。有时装订采用纸质材料，有时是织物材料。使用的材料越多，书就越沉。就词数、页数和字体大小而言，一本书可长可短，这种长短并不是物理尺寸。比如,当我说一本书太厚时,没人会傻到以为我在说这本书太厚以至于用卷尺都无法测量了!我们也知道,书是由各行各业的人为了某种目的而创作的,包括小说家、传记作家、影视明星等,他们可能是为了艺术、娱乐,抑或是为了传播思想,还有可能只是为了赚钱。这些作者有代表他们的文学经纪人,编辑会与作者一道修改文稿,有时还要应付作者的文思枯竭。我们知道,书由读者购买,而读者一般在孩提时就学会了如何阅读。让我们继续往下分析。关键在于我们有大量关于书的知识,如一本书是什么、意味着什么、书的价值在哪里,以及我们应该如何读书。在我们的脑海里,"书"的印象或概念远不止字典中一条简单的定义,而是来自相互联系又相对分散的知识体系。这就是概念的本质。

尤为重要的是,周遭语言要求不同,根据我们脑中百科知识体系的不同方面,"书"这个词的意义就会有所不同。试想一下:一本书很沉指的是书的重量,一本书很厚指的是阅读所花的时间,而一本无聊的书则指内容无法吸引读者。

下面举一个略为不同的实例。尽管"书"这一词对应了一个宽泛的百科知识体系,但也会有这种情况,同一百科知识体系会被几个词所指代。例如,英语单词"shore"和"coast"都是指陆地与一片水域接壤的狭长地带。但是,当我们需要用表示狭长地带的词汇时,我们大脑中的百科知识体系会指导我们到底用哪个词。正因如此,"coast-to-coast"的旅行是横跨陆地的,而"shore-to-shore"的旅行则是横跨水域的。"shore"和"coast"所传递出的信息其实是

表情包密码

从不同角度观察一个狭长地带的结果。这样的结果正是因为我们拥有关于水体和陆地怎样相连和相对的分散式百科知识。

因此，即使是简单的表达也可能会产生歧义。例如，"一支红笔"这个表达至少有两种截然不同的意义。其一，可指外壳是红色的笔（写出来的字是黑色的）；其二，指一支装有红色墨水的笔，写出来的字是红色的（但外壳是黑色）。两种意义都是我们既有百科知识中的一部分。为了清楚地理解说话人的含义，我们需要更详细的语言内容。

现在让我们回到表情包和枪支。你的百科知识可能包括（也可能不包括）左轮手枪和普通手枪之间的区别，即装弹和发射的方式不同。左轮手枪有一个旋转的圆筒，而普通手枪有一个带弹簧的弹夹，弹簧可以把下一颗子弹推入枪膛内。无论你是否知道这种差异——至少现在你知道了——你一定知道水枪射出的不是子弹，而是水。再者，不管你是否接触过真枪实弹，你肯定知道水枪不会造成严重伤害，而普通手枪和左轮手枪则极有可能致伤或致死。

我们每次使用、看见和回复枪的表情符号，都是一个调用百科知识的过程。因此，对于表面相同而样式不同的表情符号，我们会调用百科知识中关于枪的不同方面，与每个样式相对应，致使不同的图像产生不同的意义。

意重于言

在大自然中，许多动物用颜色、声音甚至气味警告潜在捕食者，通过物理交际形式向外界宣告自己具有危险性。大黄蜂黑黄相间的颜色是在说："危险，勿碰。"小孩子只要被蜇一次，就会改变自己的行为，并对嗡嗡作响的蜂类产生恐惧。

19世纪在进化理论方向有着开创性贡献的生物学家爱德华·巴格诺尔·波尔顿爵士（Sir Edward Bagnall Poulton）创造了"警戒色"（aposematism）一词来解释这种现象，该词源于古希腊语，意为"远离信号"。1890年，波尔顿将达尔文的进化论应用在动物自然色彩研究上，写了一篇专题论文，其中论述道："一种动物具有不友好的特征，往往会将其作为优势尽可能广而告之，这样就可在很大程度上避免成为实验性'品尝'的对象。"

蜜蜂通过自身颜色向外界宣告它们不是美味，但这种传递并不是我们通常所说的"交际"。至少在专业上一般不这样说。一只颜色鲜艳的蜂意味着危险；但从个体而言，单只蜂的警告行为并不具有自主性：它不会"选择"警告我们远离；毕竟，它天生如此。事实上，一些物种显示自身危险性，仅仅是它们逐渐适应其所处生态位的一种进化结果，其中包括学习成为未来捕食者的能力。

相比之下，人类交流的特点是对意图信号（intentional signal）的识别，对试图传递的特定信息的理解。意图信号有各种各样的形式，从红黄绿交通信号灯到过去公共汽车、有轨电车和火车上售票员所使用的铃声。在我儿时乘坐的伦敦老式双层巴士上，售票员按一次铃表示让司机停车，按两次铃意味着开车。这种交际系统的目的性，其意义在于每个人都能认识到它们用以传递特定信息，表达特定意

表情包密码

义。更重要的是，作为有思维意识的生物，我们拥有解读他人信号并采取相应行动的能力。红灯和我们的行为之间存在因果关系，即看到红灯时，我们会停下，至少大多数人在大多数时候都会这样做。而社会强制性的约束加强了这种因果关系，闯红灯是违反交通规则的行为，会招致罚款甚至更严重的后果。

交际不仅包含特意产生的信号，用于指代广为人知的特定意义。更为重要的是，特定社群中的其他成员也有这样的认知。这就开始触及问题的本质了。就词语表面上传递的信息而言，我们往往词不达意，言不由衷。事实上，在很多时候，我们是在解释话语背后的意思，即话里话外的真实交际意图。因此，在与他人互动交流时，我们大多是在试图弄清楚对方话语的真实意思。

也许，这一点在恋爱关系中最为明显。一位评论员在指导男性如何理解女性伴侣的意思时，一语中的："男人们在恋爱中犯下的许多错误，都是因为他们不知道什么时候从表面理解另一半说的话，什么时候该挖掘深层含义。"对于经验丰富的两性关系观察者来说，诸如"我们需要谈谈"或"随你便"这样的表达实际上并不是表面上的含义。对于前者的正确理解是"我说，你听"，而后者是指"这是对你判断力的考验，毕竟你现在应该充分了解我，知道我对你正在做的事感到不满"，这样的正确理解不仅有助于避免误解，甚至还能挽救一段感情。

在交流时，若想准确理解他人的意图，就必须超越词语范围。眨眼、微笑等非言语线索，能帮助我们理解对方的真实意思，发现意图信号。在数字化通信的背景下，表情包在此方面发挥了巨大作用。

以一句平淡无奇的话为例:"我被绊了一下,头撞在柜子上了。"如果给你的朋友、伴侣或同事发这样一条信息,他们可能不清楚是应该同情还是大笑;这句话实际上并不能表达你的真实意思。然而,在句末加上一个悲伤的表情符号,则可提供一种非言语线索,一种元评论(metacomment),让我们知道该如何解读这句话:"很痛。"但若是一个"笑哭了"表情符号,则告诉我们,发信人觉得这种情况很好笑:"我真傻。"

图 2-3 表情符号如何表现话语背后的意义

交际的多模式化

交际信号多种多样:它们可以是手势,如用手指着某物——我在面包房里选购牛角包时做这个手势,意思是我想要那一块边缘没有烤焦的牛角包;也可以是一个鬼脸或耸肩,表示不知道。或者,在微妙的情形下,我们可以通过咳嗽来示意伙伴保持安静。重点是,交际信

表情包密码

号具有多模式性——利用不同的模式,出于沟通目的,服务于特定的交际意图。我们伸手指点,用的是手势模式;我们咳嗽,用的是副语言模式;我们拿一支好笔在信中写上一手好字,用的是语言模式;我们手绘一颗心,装点情书,用的是视觉模式;我们喷上一点香水,营造19世纪浪漫小说所特有的情调,用的是嗅觉模式。

因此,模式与特定信息类型相关。但重要的是,同一信息模式可以通过多种媒介传达——即信息表现的渠道。例如,当我们说话时,语言模式可以通过口耳传达,对于手语使用者而言,也可通过手势和视觉传达;当我们书写或打字时,通过书面文本传达,甚至通过视觉语言等二维视觉媒介[我将在下文举例说明视觉语言,即"布利斯符"(Blissymbolics)]。此外,不同的信息模式也可以通过相同的媒介传达。例如,微笑、皱眉或悲伤等面部表情;手和手臂的姿势,即伴随言语的手势;以及身体姿势,如高兴时走路昂首挺胸,闷闷不乐时则弓腰驼背,这些都属于身势视觉媒介传达方式(身势指身体的活动,将在本书第四章详述)。表2-1总结了一些最重要的交际模式及其表现渠道。

人类交流的一个基本特征是多模式性——我们使用并需要多种模式表达意图和创造意义,不同模式服务意义不同的类型,构成完整的交流。我们的多模式交际信号提供互补信息类型,通过不同的渠道传达,服务于丰富且通常复杂的交际意图。这样,交际意图总是具有多面性的特点。由于多种模式提供的交际线索相互补充、部分重叠,使得信息接收者能直接领悟。

面对面的交谈尤其如此。其间,一个人对自己或对方的感受,往往来自语言以外的其他模式。

在家庭、学校和工作环境中,数字时代的即时信息不仅是面对面或是电话交流方式的一种延续,而且还在以越来越多的形式取代口头交流,这在年轻人中尤为明显。英国的数据显示,如今 6 岁的孩子掌握的数字技术与 45 岁的成年人相当。此外,现在的成年人(16 岁及以上)每周平均上网时间接近 22 小时,比十年前翻了一番还多。由于现在我们更多地与他人在线交流,为了在数字时代成为高效的沟通者,我们需要一些与面对面交流相同的多模式沟通线索。

表 2-1　信息模式与表现渠道之间的关系

模式 (信息类型)	样例	媒介 (表现渠道)
语言	口语	口耳
语言	书面语	书面文本
语言	手语	手势和视觉
语言	视觉-图形语言	二维视觉
副语言	有意识、无意识发音,如哭、笑、叹息等;或言语韵律,如语调、重音、节奏等	口耳
身体姿势	身体"语言",如耸肩、身体姿势等	身势视觉
面部表情	面部表情,如皱眉、微笑等;目光注视,如目光方向、目光接触或目光躲闪等	身势视觉
手势	说话时的手势	身势视觉
象征性手势	独立手势,如竖大拇指	身势视觉
视觉图形	表情包、信息图、照片等	二维视觉
视觉艺术	绘画	二维视觉
视觉艺术	装置艺术,雕塑、手工艺品等	三维视觉
嗅觉	气味	嗅觉
味觉	味道	味觉

表情包密码

表情包以二维视觉模式为渠道提供丰富的色彩呈现,并与语言模式相结合来传达意义。奥西里斯因发了一串手枪对着警察的表情符号,便被推断在对纽约警察进行枪支暴力威胁,其本身也许无可厚非。但这些表情符号并非孤立出现,而是多模式信息的一部分。

图 2-4 奥西里斯·阿里斯蒂在 Facebook 上发的一条消息

在这条消息中,语言模式提供了有关种族问题的信息。例如,奥西里斯使用"niqqa"一词,是颇具争议的"nigger"的一种"视觉方言"(eye-dialect),人们有时使用"niqqa"一词,是为了避免发帖被举报含有侮辱性词汇。在这条消息中,奥西里斯还暗指美国刑事司法系统"free my brother"(放了我兄弟)。是指释放他的一个同伴。缩写 RNS 是指"real nigga shit",用来强调:别废话/我是认真的。但随后使用二维视觉媒介的表情符号为该文本内容提供了补充信息。警察及枪支表情符号可能意味着奥西里斯扬言要对纽约警察打击报复。果不其然,警察突袭搜查奥西里斯的家时,确实发现了一把 38 毫米口径的史密斯-韦森左轮手枪。

在签发逮捕令时,纽约地方检察官对奥西里斯所发的表情符号进行了评估,认为其表明了一种特定的交际意图,而表情符号背后的意义与"我要开枪打死警察"的意义相同。尽管表情符号被评估为在表达一种威胁，交际意图的最终认定源于不同模式传递出的信息组合；正是由于文本模式提供的语境，表情符号才被认定为对纽约警察的威胁。地方检察官的法律审判是对 Facebook 上此条消息多模式性质的一种理解与认定。

谁能想到奥西里斯在 Facebook 上义愤填膺的消息会引起纽约地方检察官的注意呢？但在当今的地球村，我们不仅用语言沟通，还会用彩色数字技术。这本身倒是一个有益的教训，就数字化通信而言，表情符号传递意义，他人很容易从中解读我们的意图，就如同我们输入的词语，可在法庭上作为证据。

心理控制

如果说言语意图和字面内容与意义同等重要，那么我们的交际意图有何作用？意义用来做什么？

人类具有认识彼此行为主体意识的能力。换句话说，我们知道他人和我们一样，有想法、情感、愿望和欲望。正因如此，看到陌生人哭泣时，你会意识到他们的悲伤。当他们微笑时，你认为他们是快乐的。这其实是一种"读心术"，认识到他人与你有着相似的感觉、想法、欲望，他们和你一样知晓事物，也会掩饰甚至撒谎。虽然这看似极其自然，但理解他人的思维方式、愿望、想法和情感或多或少与我们自己的相似，这种能力是所有——或几乎所有——其他物种所无法企及的。也许有一些例外，如黑猩猩和矮黑猩猩，以及一些鸟类，如渡鸦和松鸦，具备原始的"读心"能力，可能还包括其他哺乳动物，比如狗。

如果我选择故意撞人，会给他人带来身体上的疼痛，影响他人的情绪——悲伤、痛苦、怨恨。除此之外，我还可以通过有意图的交际行为来影响他人的想法和感受。比如通过我说的话，即使是最平淡乏味的一句："出去时请把门关上。"由于对方知道我是有意为之，他们试图推断我行为背后的信息，即：我希望他们尊重我的意愿，确保他们出去时把门关上。

这样，我与周围人的思维形成相互依存的联系：人类相互之间在情感、想法等方面具有一定的相通性，即一种心理控制的良性状态。我们不仅能认识和感受他人的快乐和痛苦，还会通过有意的行为影响他人的心理状态。比如，向某人飞吻表示我们希望对方感到自己被吻了；向某人挥手表示告别。交际的合作基础是将他人视为有情众生，并意识到他人有着相同的心理。

问题的关键在于这种对意图性的共同认知——交流之本——使我们能协调互动和行为，这是一种远超其他物种的能力。毕竟，认识到我们与他人有着一系列共同的心理，能影响他人的心理状态，我们就可以凝聚精神资源，帮助我们更好地改善物质生活，从我们人类最基本的需求开始：食物、住所和繁衍。除此之外，在现代社会中，可靠的宽带连接、功能正常的电视等我们所认为的各类物质享受都是通过合作得以实现的。简言之，意图性的共同认知为我们凝聚集体智慧提供了可能。但要凝聚我们的集体智慧，使每个人都能发挥自身作用，实现个人目标和共同目标，就需要合作。从本质上说，交际系统能让我们实现目标！

语言——当然还有表情包等交际系统的力量来自这种强大的心理控制形式，也就是说将他人的交际意图视为我们自身想法和感受的驱动因素。这要求我们具有联合意图：一种相互理解，即认识到每个人可被影响的心理状态大体相似。但是，交流的目的是让我们能影响他人的心理。这里，我不是指那些拉选票的政客们的花言巧语，也不是指巧妙的营销口号、广告语或噱头，而是一句普通的话语，如：进来之前，请擦一擦你那沾满泥的靴子。这是希望你遵照我的意愿，让这世间之事符合我的心理预期。而公开的交际行为，比如一名神职人员庄严地宣布"我现在宣布你们结为夫妻"，也会影响新婚夫妇乃至他们周围人的心理状态。婚姻是经朋友和家人的见证，由言语、行为，以及双方对彼此的口头誓言促成。而这些受语言影响的行为，又引导着我们对新婚夫妇婚后生活的期待。婚姻远不是存在于客观现实中的身外之物，而是一种概念，部分由语言创造，更确切地说，是由我们共享的文化知识体系所创造，也就是说我们的心理状态由语言建立和强化，帮助建立一种引导行为的社会现实。

不论你是否愿意，交际是与生俱来的需求。在世人眼中，无视他人示好的意愿是不适当的，即便只是流程化的表示，你也不能忽视其交际意图——以隐士自居难以服众。选择抛弃人类交往的合作原则，只会让他人觉得你很难相处，喜怒无常。

表情包密码

思想犯罪与"不在场"的表情符号

如果交际的功能是实现心理控制,那么塑造交际手段的能力可能要更进一步,把我们带到思想控制的疆域。最明显的情况莫过于交际系统不是由使用者个人控制,而是由一些大公司控制,如同表情包这一实例。

2016年9月,苹果公司在iOS 10.0系统中更新了枪支表情符号的样式,优势之一就是保护其用户免受不当消息或状态更新的影响。当然,从另一个角度说,这是否相当于一种思想控制,就像乔治·奥威尔的经典小说《1984》中提到的"新语"(Newspeak)[①]?在奥威尔描述的极权主义国家中,通过删除特定的词语使国家有可能控制其公民的交际意图,甚至可以说是控制了思想本身。在所有条件相同的情况下,由于语言通过个人的使用变化而演变,相比表情包,语言实际上更不容易受到奥威尔所描述的那种思想的控制。

这里涉及的伦理观与表情包尤为相关。如上一章所述,表情包不同于自然语言,是由几家强大的跨国公司所掌控,这些公司派代表进驻各个统一码联盟委员会。其中,苹果、谷歌和微软等软件开发商更为强大,负责编译统一码码位,并在自有平台上发布自主设计的表情符号样式。

---

① 新语是乔治·奥威尔的小说《1984》中设想的新人工语言,即大洋国的官方语言,被形容为"世界唯一会逐年减少词汇的语言"。它是极权政权为遏制人民思想而创造的基于英语的新语言体系。——译者

02 表情包犯罪和交流的本质

奥西里斯并不是唯一被指控用表情符号发布威胁的人。最近，其他备受关注的法庭案件也以表情符号为证据。在美国科罗拉多州，一所小学在收到一封包含炸弹及刀枪表情符号的电子邮件后关闭，学生们也被疏散。后来发现，这封电邮实际上并不是炸弹恐吓，而是相邻学校的一名八岁女孩无意的行为——邮件还包含了一些如小鸡等不具威胁性的表情符号。此外，一名来自弗吉尼亚州费尔法克斯的十二岁女孩因威胁学校而遭刑事指控，原因是她在 Instagram 上发布了炸弹、刀、枪的表情符号，并带有"杀"的字样，还配上了让人毛骨悚然的消息："周二在图书馆见。"在英国，保守党议员克雷格·麦金利（Craig Mackinlay）收到了一份包含刀枪表情符号的死亡恐吓，随即报警。接着，英国执法部门批准了国会议员在其选区办公室安装紧急按钮的请求，这一消息迅速成为头条新闻。最严重的案例也许在法国，一位二十多岁的男子向前女友发送带有死亡恐吓的表情符号——一个手枪表情符号，让她产生性命堪忧的恐惧，男子因此被监禁三个月。毫无疑问，大量运用表情符号的死亡恐吓案例促使苹果公司决定将枪支表情符号样式从左轮手枪改为水枪。

这让我们回到一个问题上来：软件开发商是否有权在其平台上限制我们可搜索的内容，如之前提到的 Instagram 公司对茄子表情符号的搜索限制。想必，表情符号使用者不会将某人发送的水枪认为是向其故意发出的死亡恐吓。但是，通过表情符号限制人们的表达，这是软件开发商的职责所在吗？通过改变枪支表情符号的样式，苹果公司有效地限制了用户使用表情符号要表达的内容。鉴于交际系统可影

表情包密码

响我们在他人脑海中唤起的思想和概念,那么我们就会问,这是否构成某种思想控制。这种干预也许是善意的,但依然可以说是一种审查。当然,需要保护股东利益的大型企业可能会认为,用户正在为一项服务付费——表情符号还难以达到与自然交际形式(如英语等语言)相同的地位,因此苹果公司可以在统一码联盟对表情包的规定下,在一定程度上结合公司自身意愿,制作受版权保护的表情符号样式。此外,通过苹果公司平台发出可能导致刑事案件的表情符号,可能有损公司声誉,这让公司高管们有足够的理由将手枪表情符号改成无害的玩具枪样式。但对于那些相信言论自由和数字化通信系统力量的人来说,这一由非营利组织——统一码联盟监管的交际系统开启了一个危险的先例。许多人通过这些专利表情符号畅所欲言,彰显个性,而个别巨头公司正在施加影响,只为满足其公共关系的需要。

这一举动也产生了法律雷区:有人用苹果设备发送一个水枪表情符号,知道在对方的设备上将显示为一种致命的武器,警方和司法部门该如何处理?其中存在犯罪意图吗?如果说存在,发送的毕竟只是一个玩具水枪的图像而已。如果说不存在,恐吓也许是真实且易于感知的。

这种图像差异造成的另一个后果,意味着表情包出现了"方言"。由于每个平台都有专属表情符号样式。例如,与三星相比,苹果的表情包样式略有不同——虽然总体形象可互通。

软件开发商的影响范围甚至超过了表情符号形象问题,延伸到表情符号"生死"大权。其中一例就是步枪的表情符号。2017年,统

02 表情包犯罪和交流的本质

一码联盟更新了一批表情符号，主要用于宣传夏季和冬季体育运动。冰壶和雪橇的表情符号代表冬季奥运会项目，水球和柔道的表情符号代表夏季奥运会项目，这些表情符号都得到了批准。但在最后一刻，即便已经通过了严格的审查程序，步枪的表情符号仍被悄然撤下——步枪表情符号本来是用作代表冬季两项运动[①]（越野滑雪和步枪射击）。实际上，步枪表情符号删得太迟了，统一码码位已分配就绪。尽管如此，苹果公司最终还是决定不用此码位映射步枪表情符号。

知情人士称，苹果公司驻统一码联盟的代表发出了反对步枪表情符号的提议。据报道，在讨论步枪表情符号状态的会议上，苹果公司告诉统一码联盟他们"不会在其平台上推出步枪的图像，并要求切勿将其做成表情符号"。通过表明抵制的态度，苹果公司实际上是在向统一码联盟其他成员施加压力，让他们拒绝接受已获批的表情符号。这导致了一个奇怪的现象：一个已通过统一码联盟认证的表情符号，随后却未能映射到平台，变成了一个"不在场"的表情符号。

尽管新闻评论员们经常谴责美国枪支暴力泛滥，指出每年有成千上万的人因枪支暴力受伤或死亡，但这足以成为封杀一个步枪表情符号的理由吗？枪支暴力当然令人憎恶。尤其以美国的特殊国情为背景，封杀的原因关系到有关当局采取的有力措施；但这何以给国际科技公司道德权力，限定统一码联盟编制哪一类表情符号，就没那么清

[①] 冬季两项（biathlon）是冬奥会的正式项目之一，是由越野滑雪和射击两种截然不同的竞赛项目组合在一起的运动。——译者

楚了。该道德问题事关我们所有人，因一些社交媒体用户可能滥用专利表情符号进行威胁和恐吓，言论自由是否就要受到限制？对一些人来说，答案可能是肯定的。但我想反驳的是，出于这些原因而禁止一类表情符号，基本上与乔治·奥威尔反乌托邦经典著作中控制思想的邪恶极权主义没有什么不同。

无言的交流

本章开头，我用管道隐喻说明交际原理。但正如上文所述，交流不仅是把语言当成一根管道，注入思想，然后拆开来显示语义的核心。事实上，语言只不过是促进交流的一种方式而已——尽管十分有效。交流本身甚至不需要语言。下面的例子很好地证明了这一点。

从观众中抽出两位志愿者，让他们背对背站在台上，彼此看不到对方。给两位志愿者各一张纸，纸上印着以下词语：树、捕食者、水果、雨，分别按不同的顺序排列。要求每位志愿者轮流演示纸上所列的词。猜词人虽然知道都是哪些词，却不知道它们的顺序。接着，主持人介绍游戏规则：提供线索的人可以选择发出任何声音，但不能使用语言。由于猜词的人看不到对方，所以不会有视觉提示。

每次，演示的一方都用咆哮声来描述"捕食者"，用咀嚼声描述"水果"、用滴答声描述"雨"，用哗哗声描述"树"。很快，这些词都被猜出来了。

我在一次数字化交流活动中目睹了这一切，虽然令人印象深刻，但你可能会说，这仍然依赖于语言。毕竟，两位志愿者都知道他们要猜的是哪些词。

因此，有没有不借助任何语言而成功交流的情况？想象一下你孤零零地站在异国某城市的一个街角，迷路了，而此时你只带着一张地图。这时，一个路人走过来，叽里呱啦地说着你完全听不懂的语言。但通过微笑和手势，你可以告诉他自己要去的地方。这位好心的路人会在地图上指出路线，告诉你如何到达目的地。

现实生活中也有相似的例子。2001年，英国一档电视智力竞赛节目《谁想成为百万富翁》的选手上了头条新闻，原因是他以欺骗手段赢得100万英镑奖金而被判了刑。这位选手名叫查尔斯·英格拉姆（Charles Ingram），曾是一名陆军少校，他在一名同伙的帮助下，通过作弊获得了大奖。节目的比赛规则要求选手回答问题，在四个选项中选出正确答案。每当节目主持人读到正确答案时，英格拉姆少校坐在观众席的同伙就会咳嗽。后来，该电视公司借助声学分析技术识破了少校的作弊行为。

如果大脑中与语言有关的区域受到损伤，会出现失语症。失语症主要有两种类型，一种是患者产生语言的能力受损，另一种是患者无法理解语言。失语症可因肿瘤或头部受伤引发的脑损伤所致。尽管失去了产生或理解语言的能力，患者仍然保持正常的智商，仍然能骑自行车、系鞋带、开车，或多或少有效地生活。更重要的是，他们仍然能够通过手势、面部表情和肢体语言来表达想法、感受和意愿，这些都是强大的交际线索。很显然，语言的确不是一种必须的交际模式。

表情包密码

一个更有力的例子来自被称为"家庭手语"的研究。在美国，心理学家苏珊·戈尔丁-梅多（Susan Goldin-Meadow）对父母听力正常的失聪儿童进行了研究。由于各种原因，其中一些儿童没有被教授美国手语（美国聋人群体的手语）。然而，在许多情况下，这些孩子发明了属于自己的手势交际系统。戈尔丁-梅多将此定义为"家庭手语"。"家庭手语"是一种简单的交际系统，儿童自创手势表达基本词汇及语法标记。例如，两只手握在一起做拍打的手势可能表示一只鸟，而当摇头或摆手时则是否定的意思，相当于说"没有"或"不"。这表明，表达交际意图是人类本能使然。

当然，关键在于，人们可以不依赖语言或其他常规交际系统而进行特定的交流。咳嗽的实例尤其能说明问题。咳嗽是一种本能行为，但也可以作为一种有意图的信号，用来同步传递特定的信息。当然，有些交际类型的确需要语言。打电话、撰写和阅读报纸文章或收听广播新闻简报都主要依靠语言实现。但如果有人对你产生爱意，那几乎完全依赖于非言语线索了，尤其在拥挤的房间里，你与一个陌生人深情对视的那一刻。

毫无疑问，语言极大地挖掘出了我们的沟通潜力，但使交际成为可能的却是另一种因素：即意识并理解他人发出的意图信号。我们利用这些信号来影响他人的想法、举动和行为。纽约地区检察官就是根据奥西里斯·阿里斯蒂进行恐怖威胁的表情符号而对其提起诉讼，并将这些表情符号作为证据提交给大陪审团。大陪审团审议了起诉书中所宣称的带有犯罪倾向的表情符号。通过发布这些表情符号，奥西里斯是否有意煽动或进行枪支犯罪？最终，大陪审团裁定，奥西里斯无意进行恐怖威胁并拒绝提起指控。但归根结底，从交际的特点、信号意图的表达来讲，表情包是非常适合数字时代的一种交流形式，用简单的象形符号表达相对复杂的概念。从表面上看，以表情包犯罪这个案例来观察交流的本质让人觉得有些不可思议，但它也确实体现了表情包作为一个强大交际系统的作用原理。而这应该会给我们所有人留下深刻印象。

一个年度热词揭示了什么？

《牛津大学英语词典》是世界上最权威的英语词典之一，每年都会选出一个在过去 12 个月里广为流行或引发关注的词语，将其评为年度热词。该词经严格筛选，通过全面测算使用频率、复杂的数据统计、分析牛津英语语料库（Oxford English Corpus）中数十亿词条（准确地说是 25 亿）而得出。该语料库从互联网上收集 21 世纪地道的英语词条，捕获各种类型的文本，包括小说、杂志、报纸，甚至博客、电子邮件和社交媒体的内容。接下来，词典编纂者、顾问和其他专家就每一个候选词进行据理力争的讨论，最终艰难地敲定年度热词。因此，这个荣获桂冠的热词被赋予了特殊的意义，既反映了过去一年内该词的使用频率，同时也反映了我们生活的时代、我们自身和社会的变化。例如，以往年度热词包括"vape"（电子烟）、"selfie"（自拍）、"omnishambles"（一团糟），体现出特定时代精神最重要的元素。

表情包密码

年度热词不一定是近一年内出现的新词,而是可能已存在了一段时间。但出自像牛津大学出版社这样的著名机构的名家们之手,评论家和语言使用者都对此兴趣盎然。毕竟,语言是连接我们与他人的纽带,反映着社会现实,同时也在书写这一现实——结婚、争吵、事后和好,甚至(万一不能和好的话)离婚,样样都要用到语言。事实上,伟大的英语单词是英语最神圣的基石,许多人认为英语是"十分原始而又高度文明"的语言,而对其他一些人来说,英语又像个"不知廉耻的娼妓"[据斯蒂芬·弗里(Stephen Fry)所述]。英语点亮了许多文学巨匠的才华,如乔叟、莎士比亚、简·奥斯汀、狄更斯、D. H. 劳伦斯、詹姆斯·乔伊斯、T. S. 艾略特、鲍勃·迪伦等。我们对语言的运用和滥用,都体现出我们对其强烈的挚爱,从操场上横行霸道者的恶语相向,到著名诗人表现爱情的十四行诗,尽显无遗。

年度热词的公布经常引发争论,2015 年的热词更是激起了一场异乎寻常的情感爆发,有些人困惑不解,有些人则极其愤怒。为什么呢?因为它根本不是一个词,而只是一个表情符号。准确地说,是"笑哭了"表情符号。记者汉娜·简·帕金森(Hannah Jane Parkinson)在《卫报》上撰文称这一决定"荒谬可笑"(毫无疑问,这代表很多人的观点)。对于帕金森和其他语言专家来说,"荒谬可笑"是因为首先它连单词都不是。这一定是聪明的营销经理们设计出来的一个噱头,一心想证明牛津词典多么时髦。

当然,人们很容易对牛津词典的这一决定嗤之以鼻。毕竟,表情符号显然不是一个单词。但这种嘲讽真的有道理吗?毕竟,我们生活在数字时代，那些我们用来与亲朋好友联系和交流的媒介，以及朋友和粉丝所在的虚拟世界，即便不需要交际系统进行革命，也必须革新。而像表情包这样的交际系统，就是对最近人类交流领域变化的一种适应机制。促进口语交际、久经验证的交际线索不存在或不起作用，就到了表情包派上用场之时。不过，如本书第二章所述，表情包确实符合交际系统的标准，可它与语言本身有很大的不同吗？

若抛开因教育而产生的偏见，否认规范英语表达神圣不可侵犯这一观点，我们就会遇到一些有趣的问题。在当今的数字化通信领域，2015年将表情符号评为年度热词的决定，体现语言怎样的本质和不断变化的状态？表情包看似不可阻挡的流行趋势对于人类交际的变化意味着什么？老气横秋的英语词汇真的出现了危机吗？

词语的本质

在某些方面，2015年年度热词入围名单并不引人注目。其他入围词语实际上只是普通的单词，但却反映了时代发展。其中几个词语与数字技术相关，如 ad blocker（广告拦截器，屏蔽网页广告的软件）和 dark web（暗网，互联网"地下"区域，处于国家安全机构的监管范围之外，进行从非法毒品到军火弹药等各类物品交易的黑市）。

其他入选词语则与当时的政治环境或人道主义主题有关。例如，refugee（难民）一词也进了入围名单，这是由于之前的12个月里，"难民"一词的使用量增加了110%。特别是在叙利亚和伊拉克等国家

表情包密码

爆发人道主义危机期间,许多政治家、纸媒和广播电视媒体进行了有关难民的公开讨论,这在一定程度上导致了"难民"一词使用量激增。

英文单词refugee(难民)是一个相对古老的词,源自法语refugié。17世纪80年代,法国胡格诺派教徒在故土遭受宗教迫害后,移民英国并首次使用了该词,在第一次世界大战之前,意为"寻求庇护的人"。现今,该词还有"逃离家乡的人"这一含义,最初是用于比利时佛兰德斯地区的居民,为了躲避1914年至1918年第一次世界大战中的堑壕战,他们逃往西部地区。

候选名单上还出现了一个政治驱动的单词——Brexit(英国脱欧),早在2012年由英文"Britain"(英国)一词前两个字母和"exit"(退出)组合而成。该词在2015年再度走红,那时正值英国政府出台《欧盟公投法案》(*European Union Referendum Act*),准备随后在2016年6月举行关于英国是否留在欧盟的公投。

然而,我最喜欢的入围单词是"lumbersexual"(粗犷型男),这是一个合成词,由"lumberjack"(伐木工)的前半部分和"sexual"(性感的)组合而成,与早期热词"metrosexual"(都市美男)相对。"lumbersexual"(粗犷型男)一词早在2008年就出现了,代表一种特定的时尚趋势,即时髦的都市男性喜欢一种粗犷的户外风格,尤其喜欢穿红格子衬衫、留浓密的胡子。该词在2015年上半年的牛津英语语料库中的使用频次达到了巅峰,但最引人注目的还是终极赢家——"笑哭了"表情符号。

让我们面对现实吧。表情符号不是词语,至少在记者和受过教育的公众所理解的传统意义上是这样。对于非专业人员来说，单词是口语或书面语的独立单位，具有内在意义。在（英语）书面语中，两个独立单词由空格分隔，由此判断其是否为一个单词。而在口语中，独立单词以语调为标识，包括重音、音节结构和节奏，通过这些我们可以分辨出单词何时开始和结束。在某种程度上，言语韵律就是口语中的"标点符号"，对此，我将在下一章进行论述。

比如，单词"disinformation"（虚假信息）中的"dis-"（表否定的前缀）就不是一个独立单词。它不能独立存在，因为它没有同伴，无法表示究竟是什么被否定了。"disinformation"是一个复合词，由前缀"dis-"和独立单词"information"两部分组成。

但在口语中，上述独立单词整齐划一的规则失灵了。例如，面对"It'll rain tomorrow"（明天有雨）中"'ll"的缩写，我们该如何解释？"'ll"是一个单词吗？据一种解释，"'ll"是偷懒地说"will"。但无论是在英语的书面语还是口语中，"'ll"和"will"用于不同的语境：完整形式"will"通常用于强调，相比缩写形式，使用频率低得多。这表明我们实际上有两种形式："'ll"和"will"，分别用于不同语境，相当于两个略有差异的词。

其他单词缩写更加复杂。例如，"gonna"和"ain't"分别是"going to"和"am not"的缩写。事实上，将几个词压缩成一个词，标志着英语在不断演变。虽然语言纯粹主义者可能会声称"gonna"只是粗俗的口语，但头脑正常的人大概不会轻蔑地认为"goodbye"不能作为地道的英语单词。"goodbye"是莎士比亚作品中标准告别

表情包密码

语"God be with ye"（上帝与你同在）的缩写，旧时为穷苦大众所用。而广为人知的地名，如英国时尚滨海度假胜地Brighton（布莱顿），最初却有一个长长的名字——在盎格鲁-撒克逊时代，这里被称为"Bright Helm Stone"。如今，此名早已不存在。

此外，有人也许质疑"gonna"的语义功能，但实际上它与"going to"完全不同。"gonna"只表未来之意，如小孩子可能会说：I'm gonna be an astronaut when I grow up（我长大后要当一名宇航员）。相比之下，"going to"既可以指空间上的移动，如：I'm going to Land's End（我要前往兰兹角）；也可以表示未来的时间。但"gonna"似乎就无法表示动作了，如"*I'm gonna Land's End"这句话就不合语法规范（此处按语言学惯例，在语法错误的句子前加上了星号）。缩写形式"gonna"似乎一举成为完整的单词，其意义不同于可用来表示动作的完整形式。毫无疑问，对于那些自封为语法捍卫者的人来说，这一结论简直是大逆不道。

按通常的定义，又该如何看待手语中的"词语"？全球已知手语有130种——尽管真实的数字可能要高得多。自20世纪60年代以来，人们就知道手语在功能上等同于口语，其语义和语法复杂性与口语相当。例如，英国手语（BSL）是听力障碍群体的官方语言，却与美国手语（ASL）完全不同。事实上，每个国家都有自己的手语。手语种类多少，依手语实际使用人数而变，估算差值很大。例如，在英国，可在某种程度上运用英国手语的人数多达25万，其中包括失聪的成年人和儿童，以及能用英国手语与听力障碍人士沟通的健全成年人。英国手语也有不同的方言，就像英语口语一样，即使在同一国家，各地方言也有很大差异。

在（英语）口语中，"dog"（狗）一词包含三个不同声段，按特定的顺序排列。每个声段发音部位各不相同，包括喉部的声带、舌、唇、牙齿和鼻腔。口语的发音系统调用各发音器官，改变声道形状，同时将空气从肺部排出，产生一系列声音组合，从而构成某一特定口头用语的语音资源库。此外，语言千差万别。例如，夏威夷语和毗拉哈语（后者为亚马孙地区的一个部落语言）等语言，仅有11种不同的语音，而一些非洲地区的语言竟有多达144种语音。

相较之下，手语也有可移动的表达工具，要求在空间上做到方向准确，动作到位，才可构成手语系统所包含的必要信号。例如，在美国手语中，表示"思考"，需要用指尖碰触前额；表示"好笑"，需要用指尖碰触鼻子；表示"镜子"，一只手要靠近鼻子前端，但不要碰到。若换了一个手势，或手势不对，要么会产生另一种意义，要么根本就没有任何意义。因此，虽然手语和口语通过不同的载体进行表达，但它们都使用物理表征——用手势或声音信号来构成词语。

从这个角度来看，表情符号和词语之间并没有太大区别。表情符号是数字化文本交际中有意义的单位。表情包的确是一个交际系统，单个表情符号具有约定俗成的独立意义，所以表情符号在形式和语义功能上与口语、书面语或手语交际中的词语类似。在短信体中用表情符号代替英文单词，便可见端倪。例如，有人发消息问："你喂猫了吗？"此时"猫"这个词就可以被相应的表情符号🐱所代替。

> 表情包密码

一次，我和一个朋友在巴黎的酒吧里聊天，我们用法语在交谈，但他的英语也很流利。不经意间，他用法语和英语混搭着说："C'est dure, you know！"（这太难了，你知道吧！）① 这就是语言学家所说的"语码转换"的一个实例，在双语人群中尤其普遍。在这个例子中，朋友把一个英语表达插入到我们醉醺醺的法语聊天中，而表情符号代替即时消息中单词的方式在原则上殊无二致。

这一切表明，我们所认为的词语，其性质和状态并没有黑白之分。即使在英语中，词语的界限也不清晰。此外，在文本交际中，表情符号可以代替词语，这就引出了一个问题，即表情符号是否具有类似词语的功能？这一切进一步表明，许多评论者对牛津词典年度热词评选决定② 嗤之以鼻的态度，可以说有点不着调。客气点说，这是孤陋寡闻。说重些，这是一些人偏执的表现，因为他们没有完全理解人类交流的本质及其在数字时代演变的方式。

语言的构成

专家对语言构成观点不一。有些人认为语言是一种代代相传的交际系统。可语言总得有发源时间。例如，世界语（Esperanto）在19世纪问世，但没人怀疑它也是一种语言。时至今日，依然还有人

---

① 这句话中，前半句 "C'est dure"（这太难了）为法语，后半句 "you know"（你知道吧）为英语。——译者

② 这一决定指将"笑哭了"表情符号列为2015年年度热词。——译者

以世界语为母语。因此，如果代代相传不是语言的标志，那么可学性（learnability）呢？这里的难点在于，任何交际系统至少在原则上都具有可学性。我可以学习莫尔斯电码，你也可以学习原始的烟雾信号系统——烟雾信号是最古老的交际系统之一，已有数千年的历史，曾为中国长城上的士兵所用，至今仍在男女童子军的训练中传授。因此，可学性是任何交际系统都具备的特点，而非语言所特有。此外，交际系统并不是人类的专属：许多其他物种都有原始交际系统，可以发出危险警告、表达一起玩耍的愿望、索要食物或发起性行为。

实际上，语言的构成与其组织方式有关。正是这种组织方式的独特性——似乎为人类所独有的技能，使我们能够表达复杂而微妙的思想，用其他交际系统则难以实现。著名哲学家伯特兰·罗素（Bertrand Russell）曾精辟地指出："一只狗无论叫得多妙，都无法告诉你，他的父母贫穷但诚实。"重点当然在于语言促进表达复杂而微妙的概念，胜过了其他任何交际系统。没有语言，这只卑微的狗就算穷尽犬类情感之表达，也无法说明其家庭情况。

语言能做到这一点，是由于其富含词语等意义单位的结构，也因为语言具有一套规则体系——语法，使我们能通过组织词语来表达从单相思的痛楚到尬聊时谈论天气等各种超级复杂的想法。

那么，让我们从词汇开始吧。尽管当今英语词汇总数已经超过100万，但英语使用者的词汇量通常少得多，成年人平均词汇量估计在1万到3万个单词之间。20世纪30年代，英国语言学家、心理学

表情包密码

家查尔斯·K. 奥格登（Charles K. Ogden）发起了一场"基础英语"运动。奥格登认为我们只需 850 个基本单词及其组成的 1500 个词语，加上一些外来词及科学术语，就可以有效地表达自己的思想。对此，温斯顿·丘吉尔就被认为是一位"基础英语"的热衷者。事实上，面向英语学习者的《牛津大学英语词典》系列只有 3000 个核心单词，也就是所谓的"牛津 3000 词"，尽管如今的词汇量已经接近 3600 个，都是英语中最常用，也是最常出现的词语。

当然，总会有例外：诗人莎士比亚就是一例。莎翁的文学作品使用了约 3 万个单词。而且他的被动或潜在词汇，即认识但并未使用的词语，估计达到了 35 000 个（这是可以预测的，因为一个人所掌握的被动词汇通常至少是主动词汇①的两倍）。这说明莎翁掌握的单词总量大约为 65 000 个。据研究莎士比亚的专家戴维·克里斯特尔（David Crystal）称，（在莎士比亚所处的）伊丽莎白时代，英语词汇总量约为 15 万个。这意味着莎士比亚掌握的词汇量达到当时总词汇量的 40% 左右。相比之下，假设当今英语总词汇量（非常保守地估计）为 50 万个，那么当代人平均只掌握了区区 6% 的词汇。

一门语言的词汇分为不同的词类。例如，在英语中，词类包括所谓的四大词性，即名词、动词、形容词和副词，分别具有明显不同的语义功能。名词的范围从具体事物——如"table"（桌子）、"tree"

---

① 被动词汇指学习者"能够理解"的词汇，主动词汇指学习者"能够使用"的词汇，见《朗文语言教学及应用语言学辞典》。——译者

（树）、"apple"（苹果），到抽象概念——如"love"（爱）、"peace"（和平）、"explosion"（爆炸），往往与世间万物的主体有关，可以是人、地点、对象、事件或概念。动词通常表示持续一段时间的过程，可以是随时间变化的动作——如"dance"（跳舞），持续的状态——如"sleep"（睡觉），或瞬时发生的事——如"sneeze"（打喷嚏）等。形容词最明显之处是与名词属性相关，例如"lacy"（带蕾丝的）用于"lacy knickers"（带蕾丝的内裤），"bald"（秃的）用于"bald head"（秃头）。最后，副词通常用来修饰动词，如"quickly"（快速地）用于"she walked quickly through the crowd"（她快速穿过人群）。

但这才刚揭开词汇的表面。英语中其他词类还包括连词，如"and"（和）、"but"（但）、"or"（或）；介词"in"（在……内）、"over"（在……上面）、"next to"（在……近旁）、"in front of"（在……前面）；指示代词"this"（这）、"that"（那）；情态动词，最初来源于动词，用来表达从愿望到应许再到义务等各种心理状态，如"will"（愿意）、"would"（倘若……就会）、"can"（能）、"could"（倘若……就能）、"may"（可能）、"might"（或许）、"must"（必须）、"shall"（一定）、"should"（应该）。值得注意的是，有些英语单词只能以固定表达方式出现，如"kith"一词。如今，在英语中，"kith"和"kin"必须一起使用，即"kith and kin"（亲友）。

上述所有（英语）词语都具有独立性。但有一类语言单位无法独立存在。这包括改变单词意义的前缀和后缀，如"un-"和"-less"——

表情包密码

"uninteresting"（无趣的）和"interesting"（有趣的）不同；"hopeless"（无望的）和"hope"（希望）不同。其他依托单词的语言单位，包括表示事件发生时间点变化的后缀，如表过去式的后缀"-ed"——"kiss"（接吻）与"kissed"（吻过）；还包括表复数的后缀"-s"——"lover"（情侣）与"lovers"（情侣们）。最后，还可包括缩略形式，如"I'll go home"（我要回家了）中的"-'ll"，"I'm hungry"（我饿了）中的"-'m"，这些语言单位在口语中应用尤为普遍。

除此之外，词汇还包括一些更复杂的类型。其中一类叫"习语"（idiom），包括成千上万个固定表达方式，无法依靠其中某个单词推测其整体含义，英语母语者可灵活运用。如下列复合动词："to put in"（投入）、"to trip up"（犯错）、"to run over something"（越过……）[①]；如片语："get your point across"（阐明观点）；如流行语："do or die"（决一死战）、"in it to win it"（志在必得）；以及成千上万的惯用表达，如"answer the door"（开门）、"sound asleep"（睡得香）、"wide awake"（完全清醒）、"all of a sudden"（突然地）、"I can do that standing on my head"（小菜一碟）、"you could have knocked me over with a feather"（大吃一惊），这些都是用好英语所必须掌握的。

[①] 这三个英文词组可能有多种意思，在此，只举其中一种含义。——译者

无论是单词,还是依托单词的语言单位,抑或是习语,语言单位的主要特征在于其自身以特定的物理形态为构成形式,即由口头表达、打手势或键盘录入的符号构成。例如,我录入惯用短语"wide awake",就是物理形态的体现,可在纸张或计算机屏幕上供交流使用。但除此之外,"wide awake"这种物理体现还具有与之相关的特定意义,英语使用者认同该表达是指完全清醒的状态,而不是其他含义,如醒来多久。

那么,表情包在这个方面的表现又如何呢?与英语相比,表情包的"词汇量"小得多。例如,2016年6月21日发布的Unicode 9.0版本新增72个表情符号,使得表情符号总数达1815个。随着Unicode版本不断更新,每年都会推出新的表情符号,但与熟练的母语使用者所掌握的词语数量和复杂程度相比,可用的表情符号数量相形见绌。一个两岁的孩子可能知道300个单词,而到了5岁,已可掌握约5000个英语单词,到十几岁时达12 000个,远远超过了表情符号的总数。

我们为什么需要大的词汇量?一个原因是为了获得范围足够大的语义表达。与自然演变的语言相比,表情包的表达范围极度狭窄。表情包在面部表情(如"说谎的脸")、手势(如"打电话给我")、动物(如大猩猩)、食物(如培根)、人物(如孕妇)、体育运动(如滑冰)和宗教场所(如清真寺)等方面表现不错。但在表达抽象概念方面,表情包就不那么尽如人意了。想想看下面的这些词:"混乱""背叛""社会规范""责任""简明扼要"和"同理心",就没有对应的表情符号。

如何通过表情符号传达这些概念，尚不清楚。

此外，表情符号虽能用来表达"车"等相对简单的概念，但不清楚如何表现更复杂的概念，比如表达"跑车的线条之美"——车迷的感受。在这种情况下，难点不仅在于同语言的词汇量相比，表情符号不够丰富，更多的是难以通过象形符号表达抽象的概念。如何用象形符号表达诸如"沙文主义""女权主义""道德的"或"反传统的"等词语？表情符号本质上是象形符号，其中一种用途是通过事物的形象来表达概念。由于许多概念与实际存在的物质关联较弱，自然限制了表情符号所能表达的内容。因此，就其所表达的语义范围而言，表情包必有局限。相比而言，语言可以相对轻松地表达具体事物和非常抽象的概念，这是其优势所在。

现在让我们谈谈组织语言的第二个原则——语法。语法体系是将各类词语组合成复杂词句的工具。构词法帮助我们以多种方式构成复合词。比方说通过添加前缀和后缀来创建复合词，如"antidisestablishmentarianism"（反政教分离主义），就是由anti、dis、establish、ment、arian、ism这些部分组成。单词本身也可通过不同组合方式构成复合词，如："boathouse"（船库）和"houseboat"（房船）。构词有规律可循："boathouse"一词是指供游艇停泊用的棚屋，而"houseboat"是指供人居住的游艇。在英语中，新组合词的意义往往依赖于最右边的词素。

此外，任何一种语言都要遵循特定的语法规则，这些规则是词语组合方式的基础。例如，英语等语言利用词序形成语法的中心组织规则，而其他语言则使用"格"（case）①——通过在单词上添加后缀表明语篇中各词之间的关系。古拉丁语就是一个很好的例子。让我们看一下维吉尔《牧歌》中的一句名言②，以下是对此句的逐字翻译：

Ultima	Cumaei	venit	iam	carminis	aetas
Last	Cumean (is)	come	now	song	age
最后	库玛	来临	现在	谶语	时日

翻译过来是："The last age of the Cumean song is now come（现在到了库玛谶语里所谓的最后的时日③）。"但在拉丁语的语序中，"ultima"（最后）和"aetas"（时日），"Cumaei"（库玛）和"carminis"（谶语）两组词分别位于动词"venit"（来临）的两侧。这是由于拉丁语中"最后的时日"和"库玛谶语"的后缀表明了它们的顺序。后缀是一种语法标记，就像在英语中"-s"的作用，加在名词后面以区分单复数，如"girls"（女孩们）和"girl"（女孩）。

例如，在拉丁语中，一个名词的词干有多种变体，一般被称为"变格"，用来确定该词是否是句子的主语。拉丁语"aetas"的各种

---

① 格，某些语言中表示名词、形容词或代词与另一词关系的形式。——译者
② 该名言来自《牧歌》中的第四首诗歌。——译者
③ 该句翻译参照了著名翻译家杨宪益先生翻译的《牧歌》一书。库玛谶语是古罗马人的一种迷信；据说在库玛有一山洞，洞里住一女巫，能作种种预言，这些谶语就是记录下来的预言。——译者

变格如表 3-1 所示。因为在拉丁语中，诸如"ultimus"这样的形容词也会变格，所以最终结果就是：在维吉尔时代的拉丁语使用者会意识到"ultima"和"aetas"这两个词都变成了主格，合在一起就构成了句子的主语。更为复杂的是，对应五大类词干，拉丁语有五种变格。正因如此，在维吉尔诗句中的"ultima"和"aetas"，其词尾变格稍许不同。因此，尽管这两个词分立句子两端，但拉丁语使用者知道它们相依相随。

表 3-1　拉丁语 aetas（时日）一词的变格

类型	变格
主格	aetas
属格	aetatis
与格	aetati
宾格	aetaem
离格	aetate
呼格	aetas

你可能认为语法"格"是一种奇怪的处理方式，但现今许多语言从德语到罗马尼亚语等都采用这种方式。这样的话，词语就不需要按照特定的顺序排列才能表达语意。现代英语则不然，已失去了早期形成的很多变格规则。

即使是那些使用语序的语言也有很多内在可变因素。我们可能天真地认为所有语言格式都和英语相同，规范地以主语开头，接着是动词，后跟直接宾语，比如"The rockstar smashed the guitar"

（摇滚明星砸碎了吉他），但这也存在变化因素。例如，澳大利亚土著语言吉瓦利语（Jiwarli）会将"This rockstar smashed that red guitar"表述为"That this red smashed rockstar guitar"。

那么表情包在语法上表现如何？回答这个问题，可以先考虑在数字化通信中，完全不使用任何文本，只用表情符号。一个实例就是上一章介绍的奥西里斯·阿里斯蒂。像纽约地方检察官那样，把奥西里斯发的警察和手枪表情符号合二为一，理解成他在有意表达恐吓，我们就不得不把这两种表情符号理解为在传达一种"组合意义"。这就是语法的作用。当然，自然语言的语法不仅是将独立语言单位编排在一起那么简单。毕竟，两物彼此相邻，几乎在任何领域都意味着其具有关联性，比如在一群人中，有两个人站得更近，我们可能会推断他们是朋友或恋人关系。诚然，两个或两个以上个体相近，就判断其存在联系，是我们看待周遭事物的主要方式。20世纪初，德国心理学家首次发现了这一现象，并将其称为"格式塔"（gestalt）或"邻近组织原则"（grouping principle of proximity），这是视觉感知的核心。因此，对相邻表情符号的关系加以解释，很难算作某种"表情包语法"。

然而，语法可通过语序（如英语）或"格"（如拉丁语）组合单词，这一标志性特点也正在表情包中显现。尽管目前表情符号总数不足2000个，但实际上其中许多表情符号都是由单一基础表情符号组合而成。在这种情况下，我们以为自己选择的是一个独立的表情符号，而在计算机操作系统中却是多个单独的表情符号，然后用"数字胶水"

组合在一起，形成一个看似独立的表情符号。发挥魔力的"胶水"其实是"零宽连字符"（zero width joiner）①，简称 ZWJ。它能将不同的表情符号混合在一起，形成一个新的象形符。例如，在图 3–1 中，深棕色皮肤的女歌手表情符号，其实是由三个不同的基础表情符号（即一个女性表情符号、一个暗肤色修饰符、一个麦克风表情符号）组成。

图 3–1 深棕色皮肤的女歌手表情符号的组合方式

"女歌手"和许多其他合成表情符号都可通过"表情包语法"来组合，但在正常情况下，整个组合过程基本不可为外人所见。实际上，我们无需知道统一码联盟分配给某个表情符号的码位，也无需知道如何使用 ZWJ 将基础表情符号组合成一个女歌手的图像。在智能手机上，只需简单地点选女歌手这一表情符号，软件会自动帮我们实现这一切。只有在像推特这样限制消息字符的平台上，你才可能注意到女歌手表情符号占了三个字符！在不支持某些"复合"表情符号的平台上，你可能看到女性表情符号和麦克风表情符号彼此相邻——隐藏的表情包语法在此显露。

---

① "零宽连字符"（ZWJ）是一个统一码字符，它能将两个或多个其他字符（基础表情包）按顺序连接在一起，以创建新的表情符号。它不是表情符号，而是一种不可见字符。——译者

然而，这种新兴的表情包语法与真正的语法大不相同。如果我缺乏专业知识，这意味着，尽管我可能知道如何使用和发送表情符号，但我不知道如何以一种合乎语法的方式将它们组合起来。如今，智能手机的计算能力胜过1970年所有电脑的总和，倘若我口袋里没有智能手机，那么我就是一个语法白痴（至少在表情符号组合领域是这样）。

处处皆符号

心灵感应（telepathy）是科幻小说里常有的元素，很多超级英雄和反派人物都有透视他人想法的能力，其中一个最著名的例子就是《星际迷航》中的"斯波克先生"（Mr. Spock）——他擅长瓦肯人的"心灵融合"①。"telepathy"一词由英国心灵研究协会（Society for Psychical Research）的创始人弗雷德里克·W. H. 迈尔斯（Frederic W. H. Myers）于1882年创造。但在现实生活中，心灵感应为普通人所不及，而且也可能不受欢迎。正如一句流行的格言所说：别人对你的看法与你无关，而知道别人的看法极有可能弊大于利。

在没有心灵感应的情况下，人类通过使用各式各样的"符号"进行交流。正如上一章所述，符号是常规意义所依托的物理表现形式。但作为交际系统，语言和表情包使用了不同类型的符号。这有助于解

---

① 瓦肯人是科幻电影《星际迷航》中的外星人。他们有着特殊的能力——"心灵融合"，即能够借助触摸他人脸部实现与对方心灵相通，分享对方的意识、记忆和知识等。——译者

表情包密码

释表情包的语义范围为何相对有限,而相比之下,语言却能帮助我们表达近乎无限的抽象概念。对此,下文将详述。

让我们从语言开始。在第二章中,我们看到英语单词"cat"(猫)由三个音段组成,让说话者传递出"猫"这个概念,接收人随即联想到"猫"(如图3-2所示)。

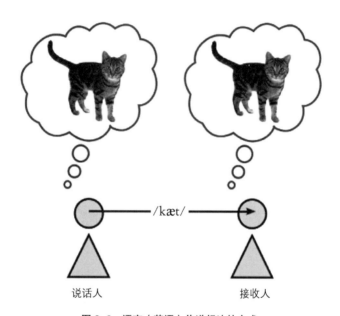

图 3-2　语言(英语)传递想法的方式

那么就有一个你以前可能没想过的问题:在英语中,我们为何要用"cat"这一符号来表示猫?毕竟,符号"cat"与人们对猫的想象之间没有因果联系。"cat"这一英语符号,发音为 /kæt/,看起来或听上去也并不像其代表的实物(猫)。原则上,任何符号只要未被占用,都可以表达这一概念。

毕竟，不同的语言会使用不同的符号来表达相同的概念。例如，对于"猫"这一概念，在英语中用"cat"，在阿尔巴尼亚语中用"mace"，在希腊语中是"yata"，在马耳他语中是"kucing"，在芬兰语中是"kissa"。简言之，符号和概念之间的关系是随意的。其优势在于符号可以不受其代表事物的现时环境影响，使语言等交际系统的交际表达具有灵活性。例如，"cat"一词，无论在外观还是发音上，都与其代表的实物（猫）大相径庭——那种长着胡须、拖着尾巴，并且会"喵喵"叫的四足动物。

为了清楚地说明上述观点，现在让我们来看看另一类与概念相近的符号——图标。图标的作用原理以外形近似其代表的对象为主——在图标和其唤起的概念之间往往存在直接的因果关系。以电脑操作系统桌面为例。我们通过桌面的操作与电脑进行互动交流。这是利用了我们在传统办公空间中日常交流的经验，通过使用图标作为参照实现。例如，在传统的办公室里，我们有废纸篓和回收箱，用来装弃而不用的信件、档案、文件和其他物品。在电脑桌面上，视觉图像作为图标的表现形式，让人联想起与办公室的相似之处。回收箱的图像成为一个有用的助记符，即一个类似于真实办公室回收箱的图标（回收站）。相应地，在电脑桌面上，通过将文件图标拖动到回收站图标上，我们就可以成功地删除电脑中不需要的文件。

因此，自然语言由约定俗成的任意符号组成，你只需知道说英语的人都认同用"cat"这个符号代表许多西方家庭的首选宠物就可以了，而其他交际系统则主要依靠图标性质的符号。

表情包密码

表情包在这方面是如何体现的呢？总体而言，表情符号是最典型的图标，在象形符号与其表达的概念之间往往存在直接的因果关系，而语言符号（我们知道，这种关系是任意的）则相反。笑脸或眨眼的表情或多或少都与其试图传达的概念相似，如同电脑桌面上的回收站图标，外形近似其代表的事物。笑脸或便便的表情符号永远能和其表现的事物联系起来。表3-2对比了语言符号和表情包。

表3-2 语符与表情包的对比

符号类型	动因	例子	符号性质
意指	任意	/kæt/（"cat"）	语言系统，如英语
象似	相似	😄	非语言系统，如表情包

现在就能看出表情包在表达抽象概念方面为何不如语言了。象形符号易于表达具体的概念，是因为在象征物之间存在联系，但在表达更抽象的概念时，就有点难以应付了。毕竟，虽然微笑可以用笑脸表情符号代表，但还有很多更抽象的概念很难找到符号代表。在语言中，这个问题就不会出现，因为语言符号本就抽象，如英语单词"chaos"（混乱）具有符号特征，指向抽象的概念。如何用表情符号传达相同的概念，更多地取决于是否存在相应的可用象似符号。

然而，虽说表情符号往往具有象似性，而词语通常是抽象的符号，但两者之间的区别并不总是显而易见。首先，区分语符和象似符并不像我们所认为的那么简单。例如，英语有时也会运用象似符表达概念。有一类词语——拟声词，实际上就发挥了类似于图符的作用。"onomatopoeias"（拟声词）源于古希腊语，意为"回声或声音"。

拟声词的发音与实际声音相似，例如，英语中把蜜蜂发出的声音称为"buzzing"（嗡嗡声）。动词"buzz"（发出嗡嗡声）与蜜蜂发出的声音相似，这个语符实际上具有象似性。因此，这类词属于语言象似符（linguistic icon）。这类象似词并不仅限于动物的声音。表 3-3 列出了英语拟声词的一些实例。

表 3-3 英语拟声词实例

发声类型	拟声词
人声	achoo（喷嚏声），babbling（咿呀学语声），gargle（漱口声），hiccup（打嗝声），hum（哼曲声）等
人的活动	smack（拍打声），thump（跳动声）等
物理接触、运动或燃烧	splat（湿物掉落声），boom（轰响声），fizz（气泡嘶嘶声），plop（扑通声），whiz（呼啸声），slosh（液体摇荡声），swish（空中快速移动声）等
设备发出的声音	beep（哔哔声），ding ding（叮叮声），tick tock（滴答声），vroom（呜呜声），zip（呲呲声）等
以声音命名的事物	choo choo（火车），flip-flops（人字拖鞋）等
动物名称	cuckoo（布谷鸟），dodo（渡渡鸟）等
动物叫声	bleat（小羊咩咩叫），buzz（蜜蜂嗡嗡叫），chirp（鸟唧唧叫），hiss（蛇嘶嘶声），hoot（猫头鹰鸣叫），miaow（猫喵喵叫），moo（牛哞哞叫），purr（猫发出的咕噜声），quack（鸭子嘎嘎叫），ribbit（青蛙呱呱叫），woof（狗汪汪叫）等

此外，象似符的运用并非英语所独有。其他语言也如此。表 3-4 列出了法语中对应的动物拟声词。然而，有趣的是，英、法拟声词的差异彰显了两种语言吸收一种声音的不同方面，建立各自不同的语言表征。

表 3-4　英、法动物拟声词对比 [①]

动物	英语	法语
猫	miaow, purr	miaou, ron-ron
狗	woof	ouah
公鸡	cock-a-doodle-doo	cocorico
夜莺	tweet-tweet	cui-cui
羊	baa	bêêê
驴	ee-aw	hee-han
青蛙	ribbit	coââ-coââ
猪	oink-oink	groin-groin
母鸡	cluck-cluck	cot-cot
鸭	quack-quack	coin-coin

现在让我们回到表情包。不言而喻，快乐、悲伤和眨眼的表情符号也许象似性特征最明显。以此为基础，表情符号进入其他相关语义领域。例如，一类表情符号代表不同的国家，表现为相应国家的国旗。尽管这也具有象似性，但从象似性而言，交际意图——国家与国旗之间的联系不如笑脸直观。

想想看，国旗是一种意指，代表政体，例如米字旗代表英国，星条旗代表美国。国旗是国家的象征。但这一象征本身与其代表的国家在形象上并不相近。

另一个例子是鼓掌表情符号。从象似性上看，该符号代表掌声，尤其是在重复多次使用时，形成一串鼓掌表情符号。当然，鼓掌的交

[①] 读者可以听听这些拟声词在英语和法语中的发音，以便更好感受它们的相同点与不同点。——译者

际意图是祝贺，如现场表演的情景。因此，在日常交流中，该表情符号的意义不仅与现场表演的情景无关（该象似性源于现场表演），而且从另一方面讲，鼓掌之意是祝贺，而不仅是两只手合起来的象似表征。因此，鼓掌表情符号大体代表祝贺，而象似性源于现场表演情景。

从另一个角度考虑，鼓掌表情符号源于特定的文化背景，即对现场音乐会或戏剧演出的认可和赞扬。这种文化基础进一步说明，表情符号的象似基础具有较弱的直观性，同时象征意义在增强，象似特征在减少。

举一个更清楚的例子："双手合十"表情符号。该表情符号源于日本最早的表情包系统，最初用来表达"请"或"谢谢"的概念。但对于西方人来说，他们不具备接触相同文化背景的条件。因此，"双手合十"表情符号如今通常被用来表示祈祷和表达对即将发生之事的希望或渴望。

这说明了两点。首先，表情符号的象似基础可涉及文化差异。在日本文化中，双手合十的含义直接受日本人肢体语言的影响（在日本，双手合十表示"请"或"谢谢"）。但在西方文化中，这种象似动因较弱；在欧美文化中，人们表示感谢时通常不会双手合十。其次，西方人使用"双手合十"表情符号并不总是代表祈祷，而是经常被用来表达希望或实现某事的愿望。

比方说基督徒的祷告行为，通常是为了祈求神的保佑，以期实现某种愿望：如希望挚爱亲友恢复健康，或因感到犯错而祈求宽恕（从上帝那里，或干脆从某人那里）。其结果是，与宗教祈祷有关的

表情包密码

符号——双手合十——不仅与祈祷的动作有关，也首先与祈祷的最初愿望和动机有关。因此，虽然双手合十表情符号确实可用来表示祈祷行为，但它也可以用来表示对某事的渴望或希望。在这里，直观的象似动因被削弱，"双手合十"表情符号被抽象化，约定俗成地用作表示希望或愿望的载体。所有这些都表明，表情符号与其所代表事物之间的联系并不总是那么直观，而是往往倾向于表征抽象维度。

此外，表情符号形象动因如同口语，具有完全抽象性。尤为突出的一个例子是"三不猴"表情符号（如图3-3所示）。2016年，推特上的段子手乔纳森·孙（Jonathan Sun），网名容尼·孙（Jonny Sun），真实身份为麻省理工学院（MIT）的一名研究人员，曾发布了一项调查，请推特用户看图选择只是一只猴子摆出的三种不同姿势，还是三只不同猴子分别摆出不同姿势。他的这项调查收到了211 000张投票，投票者还纷纷在留言区评论，包括一位不招人待见的推特用户——@realDonaldTrump，第四十五任美国总统唐纳德·特朗普（他支持是三只不同猴子，并用一贯直率的言辞驳斥了那些持相反观点的人）。想知道调查结果吗？结果显示，认为是一只猴子的一方以微弱优势胜出，占53%，认为是三只猴子的占47%。

这三只猴子，实际上是统一码联盟编制的三个表情符号，用来描绘一句形象化格言：不见恶（see no evil），不闻恶（hear no evil），不言恶（speak no evil）。西方传统通常将其理解为不要对无礼行为视而不见。事实上，这句格言源自东方，受孔子教诲的启发："非礼勿视，非礼勿听，非礼勿言。"

图 3-3　三不猴表情符号

这一箴言的图像表现形式可能源自 17 世纪日本日光东照宫的木雕。木雕的主角是在日本常见的猕猴，借动物来描绘人类的生命旅程。虽然这只是一个视觉隐喻——如用手捂住眼睛表示看不见，但关键是手部位置不同的三只猕猴根本无法从象似性上与箴言的意义建立联系。我们必须知道该图像与特定的概念相关，才能赋予其意义。这主要是一种抽象表征，与语符相似：图像传达的意义，其动因与象似性的直接联系不大。

最后一点，有些语言系统以象似性为主，却也可以有效地发挥作用——如同表情包。如前所述，手语在功能上等同于口语。但在手语中使用的符号大多是象似的，而非抽象。例如，美国手语中表示"愉悦""快乐"和"兴奋"的符号都是用手做向上的动作。很多语言学家认为，积极乐观的心态通常是用向上的姿态来表达，如"He was feeling on top of the world"（他感觉自己站在世界之巅）；而消极的感受通常用较低的身体姿态来表示，如"She's down in the dumps"（她的心情跌落谷底）。

表情包密码

表情包会发展成一种语言吗？

自从 2011 年表情包登上全球舞台以来，我经常在想它是否会发展成一门成熟的语言。原则上，可视化文本系统可以作为语言使用，因为语言交际方式并不局限于某种特定的载体，本书第六章将给出视觉语言的实例。相对于语言，表情包的表达能力十分有限，但真正令其处于下风的是缺少语法体系。

然而，从原则上讲，给表情包注入专属语法体系并非不可能。一些表情包爱好者正在为此而努力。例如，在第一章中，我简要地介绍了视觉设计师肯·黑尔的作品，他将《爱丽丝梦游仙境》和《小飞侠》等文学经典转译成了表情包。想想《小飞侠》中最著名的一句话，黑尔转译后的效果如图 3-4 所示。

图 3-4　《小飞侠》中的一句话

黑尔创建了表情包语法体系。他将自己创立表情包语言的方法称为"加密语义学"。不过，和任何语言一样，在学习其中符号含义及组合方式之前，黑尔的表情包语言对我们来说就是一门外语。

新语法体系的创建和使用必须具有价值，否则就不会流行开来。

目前，表情包的作用不是要取代语言，而是对其进行补充。源远流长的英语词汇在短期内不会有被取代的危险。可以说有史以来第一次，表情包丰富了数字化文本交际形式，为语言增添了新的成分，用代码填充文本交际信息。

虽然有些人认为，黑尔表情包语言的普及可能过于遥远，但毫无疑问，表情包的表现力无可争议。数字化通信是现今时代的标志。而在这一载体上，表情包的作用发挥得淋漓尽致。鉴于此，就算不能将表情包视为传统意义上的词汇，那至少也可认为它具有类语言属性。

最终，表情包是否会发展成语言这一问题本身就错误理解了表情包的功能和重要意义——下一章将对此详述。表情包作为一种交际系统，一种代码，为短信体提供了自身所缺失的非言语线索。这是我们在数字时代交流方式上取得的重大进步。表情包肯定会继续发展，其他系统和代码也会被开发，无疑会取代表情包，但在面对面交流和数字化通信之间，表情包的出现开创了一个大体公平的舞台，更好地促进了数字时代的有效沟通。

表达情感的秘方

在犯罪题材美剧《别对我撒谎》(Lie to Me)中,英国演员蒂姆·罗思(Tim Roth)饰演全球面部表情研究领域权威专家卡尔·莱特曼(Cal Lightman)博士。莱特曼和他的团队利用自己的专业知识受理联邦和地方执法机构的案件,通过研究嫌疑人的面部表情和肢体语言来判断嫌疑人是否在接受审讯时说了谎,测谎准确度首屈一指。

这部电视剧以美国法医、心理学家保罗·埃克曼(Paul Ekman)教授在应用心理学领域创建的一分支学科为基础。埃克曼教授被誉为"全球最出色的活'测谎仪'"。他研发的微表情侦探技术,即瞬时面部特征的研究,开创了表情研究的先河。在感到喜悦、愤怒、悲伤、内疚和厌恶时,我们面部的43块肌肉会形成一万多种微表情。埃克曼建立了一套面部解码系统,可用复杂的软件分析人面录像。该系统以对象面部的几何特征为分析数据,提示其是否说了真话。这使埃克曼成为20世纪最具影响力的心理学家之一。他高超的专业技术也吸

表情包密码

引了渴望解读面部表情的各界人士，埃克曼因此接连担任警察部门、反恐机构以及《别对我撒谎》制片团队的顾问。

如果说眼睛是心灵的窗户，那么面部就是我们情绪的晴雨表。也许最典型的例子莫过于美国第四十五任总统唐纳德·特朗普，不用说他的爆炸性推文了，仅从他的面部表情往往就能看出他对某事的态度。在《卫报》委托进行的一项分析中，心理学家彼得·科莱特（Peter Collett）仔细研究了唐纳德·特朗普的七种标志性面部表情，为我们洞悉这位总统的内心想法提供了帮助。从"大A脸"（the alpha face）到"八字嘴"（chin-jut）再到"抿嘴笑"（zipped smile），特朗普的面部在向世人传递着他的感受，也说明他渴望人们能感他所感、想他所想。

那么这与数字化通信有什么关系呢？如今，人们每天要发送和接收超过1000亿封电子邮件，美国雪城大学教授克里斯廷·拜伦（Kristin Byron）进行了一项研究，分析我们如何通过电子邮件解读情绪。研究发现，由于电邮缺少面部和身体表达等非言语线索，收件人很难解读发信人的情绪。一份报告指出，如果没有笑脸等表情符号，无论我们多么用心地去构思消息内容，还是很容易出现"因缺乏表情而产生电邮沟通不畅的窘境"。

这构成了被我称为"怒喷"（angry jerk）的现象。在日常电子通信中，许多人都遇到过这样的情况：有些电子邮件或消息读起来就像发信人完全疯了一样，不可理喻。当然，这是由于电子邮件等数字化通信存在的一个通病——难以让人产生情感上的共鸣。在口语交际的现实情景中，我们通过语言解读对方想要传达的信息，主要依靠非言语线索，如姿势、目光、面部表情和手势，还可以借助于言语韵律，比如说话音调的升降可直接表明这句话是陈述还是发问。而且更重要的是，我们可以根据对方语言和非言语的回应来调整我们说话的内容和方式。在持续交谈的过程中，我们利用这些社交线索调整说话内容，以便让对方清楚地理解我们的意图——也就是我们希望对方牢记的重点。

但在短信体中，一旦我们点了发送键，就不能再调整消息内容，也无法控制对方如何解读。我们收到一条消息，其中所有非言语线索也都荡然无存，我们无从得知对方是否满脸怒气，还是在某处海滩上惬意地喝着马提尼酒。此时，任何交际上的细微差别都不复存在。原本在我们印象里温文尔雅的人，会变成气鼓鼓的傻蛋，这种尴尬我们遇到太多了。而这恰恰是表情包发挥作用的时刻。无须依靠面部表情，表情包就可以帮助我们有效地进行情感交流，避免引发误会和冒犯对方。

情感互通

第一印象至关重要。在会见陌生人时，我们很少能保持中立的态度，而是会立即对其产生或好或坏的看法，如这人太傲慢、太无聊、可爱迷人、黯然神伤、矜持拘谨等。这些看法很大程度上基于对方的外表、肢体语言、行为举止等非言语线索得出，而不是说话内容本

表情包密码

身。这些线索会让我们产生一种情绪反应,从而形成对他人的看法。完成这一系列的过程只需要十分之一秒!

在某些情况下,第一印象最为重要,例如与心仪的对象约会聊天,而他(她)最终可能会与你结为夫妻(也可能不会,视具体情况而定)。至于可怕的求职面试,专家总是建议我们开个好头,认为是否被录用往往取决于面试的头几分钟。

这不仅是民间智慧,而同时也得到了科学研究的支持。在一项前沿调查中,研究人员分析了600场、每场30分钟的面试,发现约5%的聘用决定在一分钟内做出;约25%的决定在五分钟内做出;而在15分钟内做出的决定占到了惊人的60%。面试还没有进行到一半,甚至还在你设法平复紧张的心情时,面试结果就板上钉钉了。

在日常生活中,我们对待他人的方式总体上受内心情感的影响。我们在公交或火车上给老年人、残障人士或体力明显较差的孕妇让座,是因为我们认识到他们更需要座位,感同身受。在服务行业,对笑容可亲、礼貌客气的员工,我们会做出积极的回应;而在街上,对横冲直撞、没有礼貌的年轻人,我们会做出消极回应。同理心是理解他人的关键因素,也是萃取社会交往意义的核心要素。这似乎在很大程度上源于我们日常交往中无处不在的非言语线索。

从狭义上讲,人们通常认为同理心是指对他人感受和情绪的认识,但实际上其内涵要丰富得多。据一位权威情商专家称,同理心是一种"对他人感受、需求和关切的意识",要求"感知他人的感受和视角,并积极关注他人关心的问题"。牛津词典将同理心定义为:"理

04 表达情感的秘方

解和同享他人感受的能力。"那么我们如何习得感受他人的能力呢？我们该如何真正地"体验"他人经历，才能对他人关心的问题敏感体察且积极关注呢？也就是说，我们怎样才能站在他人的立场上理解他们的想法，更重要的是，理解他人在日常交流中所表达的含义？

言语线索，即我们口头表达的一系列词语，只是冰山一角。当然，在某些情况下，对方言语内容是意义形成的关键因素。例如，在公开演讲中，信息的传递以词语为主。当然，我们也可以从演讲人的肢体语言中获得很多信息；但演讲人选择的词语构成了内容主体，即主要信息。然而，在我们与陌生人、家人、同事和朋友的日常面对面交流中，我们对非言语信息的反馈往往更多。

据估计，在情感表达、个性展现和社会关系等社交层面上产生的意义，其中仅有 30%～35% 来自语言，在我们与他人的日常交往中，有近 70% 的意义是通过非言语线索而得。这其中包括视觉线索，如对方的肢体语言、面部表情和手势，以及两人之间的物理距离。对方离得太近，占用我们太多的个人空间，我们就会感到不适，而这时我们的情绪也可能变得较为负面。我们还会对他人的外表、着装，以及见面时所处的环境做出反应，从中能获得关于对方职业或生活方式的信息。除此之外，我们还能从触觉获取信息。我曾认识一位成功的商人，他声称自己能通过与他人握手来判断对方是不是一位值得信赖的合作伙伴或客户，果真如此吗？

根据研究，答案是肯定的。握手力度确实能揭示性格。在此类研究中，研究人员最早调查了握手力度与性格之间的关系。在调查中，

> 表情包密码

112名受试者与4名训练有素的检测员分别握手两次,以此来评估受试者握手力度大小。此外,受试者还接受了性格评估。研究发现,无论男女,性格外向、善于情感表达的人握手力度较大。相比之下,性格内向、不善于情感表达的人握手力度往往较小。

我们还可通过观察他人的一些动作获知更多信息,如摸头发可能是感到无聊或在表示爱慕之情。除畅谈方式之外,我们还可从眼神交流、瞳孔扩张(尤其是在相信遇到生命中那个"对"的人之时),甚至眨眼频率中窥见端倪。

美国已故人类学家雷·伯德维斯泰尔(Ray Birdwhistell)是非言语交际研究领域的先驱人物,他对上述非言语交际各个层面进行研究,创立了"体态语言学"(kinesics)的研究领域,涉及"面部表情、手势、身体姿势和步态,以及可见的手臂和身体动作"在传达社交意义时的作用。从这个角度看,表情包以其从各式笑容到各种困惑、疲倦、悲伤和愤怒情绪等一系列让人应接不暇的小黄脸,非常适合视觉模式下的短信体,也许并非偶然。

非言语交际的另一个层面涉及言语的伴随语言特征(paralinguistic feature),美国语言学家乔治·L.特拉格(George L. Trager)首次对此进行了研究。口语作为载体,与之伴随发生一系列特有的现象,可以影响甚至改变我们说话的含义,副语言学以此为研究对象。伴随语言特征范围很广,从笑声等声音信号,到节奏、相对音量、音高、语调以及声音的音域(女性的平均音域高于男性)等言语韵律。

"韵律"(prosody)一词源于古希腊语"诗歌唱法"(song

sung to music）之意。口语具有相关的音乐特点。这源于舌、唇及喉腔振源体等人类发音器官发音的方式，以及用来控制发音器官的肌肉组织。当耳朵疲惫时，尤其是在长时间旅居国外，有了使出浑身解数用一口蹩脚的外语（那算最好的了）披荆斩棘的经历之后，我们说出的语言具有韵律，就好似天籁之音，而缺乏韵律结构可能会导致某人的言语单调乏味，甚至充满杀气。此处一个著名的实例就是电影《哈利·波特》中在道义和情感关系上含糊不清的西弗勒斯·斯内普教授，这一角色由已故著名演员艾伦·里克曼（Alan Rickman）饰演。

对于有些人来说，让话语变得生动起来似乎是一重障碍。早在学生时期，我就不幸地遇上了这样一位治学严谨、知识渊博的教授，他的课似乎有催眠神力，总能让学生昏昏欲睡，让人觉得无论做什么都比听他讲课有趣。但事实上，有人不能准确地调整言语韵律，是因为受到一种临床病症的困扰。这种病症被称为失语韵症（aprosodia），它使人丧失说话时调节音高、音量、节奏和语调的能力。失语韵症患者在说话时不仅语气平平，而且无法通过言语表达情感，也无法在口语交际中感知他人的情感。在患有阿斯佩格综合征（Asperger syndrome）的人群中，失语韵症患病率很高。这也说明了语韵对于交际的重要作用：语韵是我们传递信息的关键方式之一，有助于对方在口头交流中产生同理心。利用语韵，我们可以传递自己的情感立场和态度，把对方的注意力引到我们要强调的词语上来。

表情包密码

一切皆有情

虽然在面对面交流中，包括肢体语言（即体态语言，也称身势语言）和副语言（伴随语言特征）两者在内的非言语线索对社交意义的传递发挥着重要作用，但相对于语言本身，又具有不同的功能。在 20 世纪 60 至 70 年代的一项具有里程碑意义的研究中，英国已故心理学家迈克尔·阿盖尔（Michael Argyle）指出，虽然我们用口语来谈论时事消息和事态发展，但语调、面部表情和手势等非言语线索却可用来表现对他人的交际态度，并可在一定程度上建立和保持与他人融洽的关系。在有关人际行为和肢体语言交际的心理学研究领域，阿盖尔撰写并出版的多部畅销书，至今仍是经典之作，使这位牛津大学教师成为 20 世纪最著名的社会心理学家之一。

在传达情感信息时，非言语线索不会让人觉得那么难为情或尴尬，这是副语言和身势语言富有表现力的原因之一。另一原因在于非言语情绪反应不那么容易被抑制。事实上，早在 1872 年，达尔文在《人类和动物的表情》（*The Expression of the Emotions in Man and Animals*）这一早期专著中就有此论述。肢体语言有许多方面，尤其是面部表现出的恐惧、愤怒、高兴和悲伤等一些基本情绪都无法自主控制。这意味着我们从非言语线索中获得的信息可能会削弱词语本身所表达的内容，如"见到你真高兴"这句礼貌用语，如果是你不欢而散的前任见到你时咬牙切齿说出的，那意味就不同了，相当于呲你一顿，更加真实地体现出他（她）碰见你的感受。言语停顿时，非

04 表达情感的秘方

言语线索却依然存在,因为肢体语言具有持续性特点,即使在说话双方陷入尴尬的沉默时,也不会终止,一直为我们解读对方的真实想法和感受提供源源不断的信息。

具体来说,非言语线索为我们所用,可用来表达情绪,表现对他人以及所传递信息的态度;用来把控交谈节奏(比如何时停止发言并希望放弃"发言权");用来彰显个性,并在节日来临时送上问候。关于节日问候,典型例子之一是所谓的"强体触"(high-contact)文化和"弱体触"(low-contact)文化之间的差异,也就是说一种文化是否充满了"卿卿我我"的亲密接触。地中海欧洲人和拉丁美洲人普遍善于表达真情,随性洒脱,体态放松,常常报以微笑和眼神交流,这与英国人噤若寒蝉、正襟危坐的大众形象形成鲜明对比,最好的体现莫过于詹姆斯·邦德(James Bond)小说和电影那种非常态、冷冰冰的风格。

我们究竟有多么依赖非言语交际?心理学领域有大量相关研究,尤其在情感交流方面。在早期著名的研究中,心理学家艾伯特·梅拉比安(Albert Mehrabian)对比了语言、副语言和肢体语言在传递社交意义方面的相对贡献。

在一项调查中,要求受试者判断对方在说诸如"糟透了"(terrible)和"亲爱的"(dear)等特定词语时的情绪偏积极还是偏消极。梅拉比安分析了语言和副语言两种模式。有时,说话人以积极的语气——如高音域和升调说出"糟透了"等消极词语,而有时用降调说出"亲爱的"等积极词语。梅拉比安发现,在这种情况下,副语言比语言模式更重要。当副语言模式下情绪表达与词语意义背离时,受试者会更

表情包密码

多地依赖于非言语线索所传递出的信息。

在第二组调查中，梅拉比安加入了另一类非言语线索——面部表情。除了能听到积极或消极的词语外，受试者同步观看人物面部图片，图上有积极（如高兴）或消极（如悲伤）的表情。他计算了身势和副语言线索的相对重要性，发现受试者在情绪表达上受面部表情和语调影响的比例为3∶2。

根据这两组调查结果，梅拉比安用公式计算语言、副语言、面部表情（一种身势语言）三种模式在情绪表达方面的所占比例。他发现，受试者对他人情绪回应，只有7%来自语言，即他们所听到词语的字面意思。相比之下，有38%来自副语言，而剩下高达55%来自面部表情。根据数据，梅拉比安发现，在传达情绪反应的过程中，我们获取的信息超过90%不是他人说了什么，而是说话方式及行为举止。

梅拉比安得出的总体结论被后人称作"55387法则"，显著地揭示了社会交往中非言语线索在交际中的重要作用，但对此结果依然要谨慎。他的研究重点关注情绪表达方式以及他人的即时判断。此外，他采用的实验材料是事先用磁带录制的逐个单词，而且实验对象都是女性。因此，他的实验虽具开创性，但远未完善。

随后的研究发现，当受试者对一个人进行综合判断，而不仅限于情绪表达时，言语交际显得愈发重要。当一个人在判断另一个人诚实与否时，言语或语言模式的重要性也有加强的趋势。语言越多——我指的是通过语言给出充分解释的内容，比如描述复杂的食物配方或建造某物的详细说明，这时言语交际就变得更为重要。最后，无论是言语还是非言语,对于交际目的所采用的模式,双方性别也会影响其相对重要性。然而,这一切都表明,有效的沟通需要语言和非言语线索,而后者似乎更能促进情绪表达,产生同理心。

正话反说

反语是一个例证——正话反说。我的一位做营销的朋友在一次广告投放上惨遭失败,我祝贺他说:"兄弟,希望就在前方 50 码处,你那广告位选得真好。"其实,我是在说反话(见图 4-1①)。如果我继续反讽下去,说:"你应该得到奖金才对!"这就运用了一种更具体的反语形式——讽刺,是针对个人,而不是针对事件。

图 4-1 糟糕的广告投放位之选

---

① 图中较大的广告上写的是:"酗酒者的希望就在前面,请拨打电话……"而前面却是一个葡萄酒酒庄的广告。——译者

表情包密码

我们使用反语不仅是为了产生幽默效果,也是为了建立同理心。以幽默的反语形式发出批评,可减少心理冲击,被批评的人会更好地做出反应。比如,很多人回复群发的电子邮件,都有过"回复所有人"的不可挽回的糗事经历。我认识的一个人就曾以这样的方式回复了女同事向公司全体人员群发的邮件,邮件上说她改姓了,而他回复的是"祝贺"。然而,问题在于这位女同事改姓是因为离婚,而不是结婚,她改回了娘家姓。随后,上司回邮件反讽道:"老兄,你说得对。"

反语能起到弱化批评的作用,是因为它能增添字面的感情色彩。对于一个人差劲的表现,一句"干得好"或"干得真棒"可以让他(她)感受到批评中一些积极的信号。但这种反语的作用具有双向性。用反语表达赞美,可能会减弱赞赏力度,恰如反语会给消极的词语增添积极的感情。比如,你对破纪录的推销员说:"你是有史以来最差的!"这句话会削弱赞美的效果,甚至会让人觉得你是在暗讽或嫉妒。

在短信体领域,失去了帮我们理解反语的非言语线索,就很容易让人产生误解。缺少引发同理心的非言语线索,对方可能只从字面上理解反语表达,或者将字面表达误认为是反语,这可能让对方恼怒。在这种情况下,表情包便有了用武之地。

近期研究表明,以眨眼开玩笑的表情(一只眼睛闭着,舌头伸出来)为主的图像表现形式,是最常用来表示反语的表情符号,有助于避免在短信体中产生误解。在英国诺丁汉大学的一项研究中,实验人员要求192名学生阅读短消息。其中一些消息有上下文:"塔尼娅注意到珍妮体重大幅增加。"表明塔尼娅在给珍妮发的消息中说了反话:"看起来你节食效果不错哦。"对于另外一些消息,则没有上下文,其中字面意思和反语不易分辨。然后,研究人员要求参与者判断发信人是否在说反话。一些受试者收到的消息不包含"眨眼;-)""吐舌:-P"等表情字符(不是表情符号),而另一些消息则包含这些表情字符。结果显而易见:受试者收到不包含表情字符、模棱两可的消息,往往会从字面上直接理解;而对于含有表情字符的短句,则有更多的人将其理解为反语。

如何避免短消息交流中的误解?答案显而易见。反讽具有增添感情的效果,改变词语感情色彩,因此使用反语时,应选用适合的表情符号。在短信体中,表情符号有助于表明发信人在说反话。但若想表达字面意思,无论是赞扬还是批评,都最好不要用表情符号。

但这又导致了最后一个问题。在表情包时代,有无数种表情符号可以用来表示反语,究竟哪种最好呢?为了找出答案,一位为克罗克斯塔(Crocstar)社交媒体公司撰稿的英勇写手,发了如下推文:"喜爱表情包的朋友,您表示反讽时,会使用哪种表情符号,请把它推给我吧。"推特用户给予了积极回应。从"得意笑"和"翻白眼",到"不高兴"再到"倒脸",表情包能精准表现各程度的反语,具有适用各种场合的一系列反讽特征(请见图4-2)。

表情包密码

> Michaela May
> 🙊🙂♞😑😐🙁 depending on the level of sarcasm being expressed lol

图 4-2　一位推特用户给出的反语表情符号[①]

丰富的表情世界

我们有太多的情绪都直接通过面部表情表达。但在网络上，由于短消息交流缺少非言语线索，就有了表情包，有了小黄脸家族。详情如表 4-1 所列。

表 4-1　表情系列

表情	含义	表情	含义
	嘿嘿		苦笑
	大笑		斜眼笑
	笑哭了		眨眼
	笑得满地打滚		羞涩微笑
	开口笑		好吃
	眯眼开口笑		墨镜笑脸
	花痴		失望但如释重负
	飞吻		吃惊
	亲亲		闭嘴
	微笑亲亲		缄默或惊讶
	闭眼亲亲		困/打哈欠
	微笑		累

---

① 图中文字大意是六个表情符号的使用依赖于要表达的讽刺程度。——译者

04 表达情感的秘方

（续表）

☺	呵呵	😴	睡着了
🤗	抱抱	😌	松了口气
🤔	想一想	🤓	书呆子脸
😐	冷漠	😛	吐舌
😑	无语	😜	单眼吐舌
😶	沉默	😝	眯眼吐舌
🙄	翻白眼	🤤	流口水
😏	得意	😒	不高兴
😖	困惑	😓	冷汗
😔	沉思	😩	极度痛苦
😕	困扰	😨	害怕
🙃	倒脸	😧	累死了/心急如焚
🤑	发财	😬	龇牙咧嘴
😲	震惊	😰	呼呼冷汗
🙁	不满	😱	吓死了
☹	微微不满	😳	脸红
😖	痛苦	😵	晕头转向
😞	失望	😠	生气
😟	担心	🤥	说谎
😤	傲慢	🤒	发烧
😢	哭	🤢	恶心
😭	放声大哭	🤧	打喷嚏
😮	啊	😈	恶魔微笑

软件开发商 SwiftKey 曾开展一项调查，其中抽取 16 个语言组超过 10 亿条数据，对表情包使用情况进行分析，发现样本中近一半使

用的是表达积极情绪的小黄脸（包括各式微笑、眨眼等），而近15%表达了消极情绪（悲伤和哭泣的表情等）。总体而言，在表情符号总使用量中，约60%是一系列表现积极和消极情绪的人脸表情符号（请参见图4-3）。

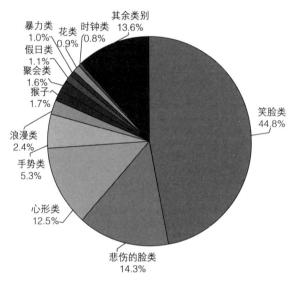

图4-3　表情符号使用情况

表情包似乎能让我们在短信体中更好地表达情绪，但并不是所有的表情符号都能引发相同的情感共鸣。一个由心理学家组成的研究小组调查了推特用户如何通过表情符号表达情绪。为此，他们分析了13种不同语言的16亿条推文。共有83名训练有素的分析员阅读并判断每条推文所含的情绪，将其分为积极、中性、消极三大类。在这些数据的基础上，利用复杂的数据统计技术，研究人员针对推特上最常用的751个表情符号，列出了一份详细的"情绪指数"（sentiment ranking)。这是科研人员首次以表情符号意义及其在具体推文中代表的情绪为基础,详细对比使用者赋予表情符号的情绪值。

表 4-2 给出了推特中十大常用表情符号及其情绪指数。指数计算标准如下:1.0 代表 100% 积极或快乐;0 为情感中立;-1.0 代表 100% 消极或悲伤。因此,红心表情符号得分最高,为 0.75。

表 4-2 推特十大常用表情符号情绪指数

表情符号	出现次数	情绪指数	表情符号简介
😂	14 622	0.22	笑哭了
❤	8050	0.75	红心
♥	7144	0.66	红桃
😍	6359	0.68	花痴
😭	5526	0.09	放声大哭
😘	3648	0.70	飞吻
😊	3186	0.64	羞涩微笑
👌	2925	0.56	OK
💕	2400	0.63	两颗心
👏	2336	0.52	鼓掌

无声的力量

在日常口语交流中,我们有时会传递矛盾的信息。比如,一边说自己不生气,一边收回目光,做出一副避而远之的架势,对方自然知道你生气了。在这种情况下,人们更重视非言语线索,而并不是话语的内容:肢体语言胜过口头之言。无声的信息往往最具力量。

> 表情包密码

　　为了使交流顺畅，我们必须使用不同的交际模式，而且通常要同时使用，避免因肢体语言和副语言与话语字面不一致而产生矛盾。

　　以手势为例，我们说话时，手势与话语自然相随，不仅仅是后者的细微修饰和补充——如用手指点，可用来选糕点，但如用来指人，则没什么比这种手势更无礼的了。同时，从表面上看，手势也是本能的行为。看看打电话的人吧。一方不停地用手比画，而电话那头的人却看不见。在实验室环境中，心理学家要求受试者在不做手势的情况下进行交谈，此时口语表达会受到影响；手势被抑制，言语流畅度也相应降低。我们需要打手势才能流畅地说话。此外，某些研究表明，手势可用作研究语言发源的途径。

　　目光接触是我们在日常交往中经常会用到的另一个有力信号。我们用目光掌握与他人交谈的节奏。一方在说话时不会盯着对方，但在讲话即将结束时会看着对方，以作示意。寻求意见时，我们会凝视对方；表示反对时，我们会转移目光；强调观点时，我们也会瞥一眼对方。

　　眼神、手势、面部表情和语言韵律是传递意义有力的非言语线索，能让我们表达情绪，同时也提供了一种有效、动态的方式，把控我们与他人的现时互动。面对面交流具有多模式特点，以多种多样、有所重叠而又相互补充的方式传达意义。这给我们营造了一个丰富的交际环境，其中蕴含各种协调掌控口头互动的信息。

　　从本质上讲，语言、副语言和身势语言构成了协调统一的交际信号。手势等非言语线索受到抑制,就会削弱口语信号。要充分实现说话人通过语句传达的原本意义,就需要身势语言传递的视觉信息、副语言传递的听觉信息和口语传递的语言信息,三方面缺一不可。

事实证明,在面对面的口头互动中,非言语线索主要通过六种方式增强意义。第一种是语义代换。我可以说"是",也可以点头。在本例中,肢体语言可以直接代替言语表达。非言语线索代换语言的一个实例是"象征手势"。例如"OK"或"竖起大拇指"的手势。这般象征手势本身不言而喻,有着固定的意义,并且在缺少言语支持的情况下可立即被辨识,多多少少像"cat"(猫)等可被立即辨识的英语单词。此外,这类手势具有文化特性。如上一章所述,在日本,双手合十表示"请"或"谢谢",而在西方文化中这是表示祈祷的符号。

然而,在某些情况下,我们会使用两种模式表达同一事物,从而促进了非言语线索的第二个功能:语义加强。我可以一边说"不",一边摇头。这里的身势动作是在重复言语信息。

但有时,同时使用两种模式会产生一种矛盾信息,即非言语线索第三种增强语义的功能。这既可具有蓄意性,又可具有交际价值。例如,在说"This will be fun"(这会很有趣)这句话的同时辅以平声调和怪相,就是在运用与说话内容相矛盾的副语言和身势语言线索。但这里的作用是通过使用非言语线索,产生一种反语的理解,从而营造幽默效果。

非言语线索增强语义的第四个功能是丰富言语表达,补充口语中未提及的信息,这尤为重要。例如,问一个人是否要添葡萄酒,对方

> 表情包密码

可能会回答"是的,谢谢",同时伸出拇指和食指,上下分开几厘米,表示只要少量的葡萄酒。在这种情况下,手势表明所需的酒量,是在增添口头表达所缺失的信息。这补充了说话内容并使其更清晰,易于对方理解。

许多语韵的用法补充了语言模式,有时甚至改变了言语的意义。下面是我在媒体采访中经常会用到的一个示例。以"我爱你"(I love you)这句话为例,在标准的美式或英式英语中,随着声调的降低,这句话成为永恒的爱情告白,但若像提问那样提高声调,就会成为一句带有嘲弄意味的驳斥,令人难堪(如果你想与身边那位保持亲密无间的关系,最好不要这样大声说)。事实上,"我爱你"用升调说,并非字面所言,而是南辕北辙。

语调还能透露说话人的态度和情绪反应,这是语义补充的另一作用。例如,单词第一个音节升调,可以表示更加激动的心情或友善的态度。试着用不同的声调说"hello"。在"hello"的"hel"音节上用升调,往往更能代表友善的态度,适用于问候老友等场景,而降调则更多地用在专心工作时接了一通烦人的电话等情况。

非言语线索增强言语表达的第五种作用是强调或突出语义。在身势线索方面,一种常见的方式是"打拍子",指用手或手指做出简单、有节奏的动作,现时强调我们说话的内容或表现我们的情绪状态。例如,心理学家丹尼尔·卡萨桑托(Daniel Casasanto)曾指出:快速不连贯的拍子可表现焦虑,干脆利落的拍子可表示决心或诚意,幅度较大、有力的拍子可表示沮丧或热情。

副语言线索也表明语句中较为重要的成分。例如，降调可以用来表示新的信息。"I saw a ↘ *burglar*"（我看到一个窃贼）这句话是"What did you see？"（你刚才看到了什么？）的回答。在这里，箭头（↘）后"burglar"（窃贼）采用降调发音，为了强调这一问句的答案——新信息。

最后，非言语线索的重要作用也在于把控说话的节奏和流畅度。首先以手势为例，如重复在对话早些时候做的手势，可以把对话中两个要点联系起来。词穷时，我们也会用手势，比如把手指放在嘴唇上表示思考。

其他类型的身势语言可用来调节交际对话。对话进行中，在适当时点头和摇头，可以向对方提供反馈支持，向对方表明我们在关注对方所说的内容以及是否赞同。如前所述，眼神交流也被认为具有重要的调节功能。说话者在讲话时不会盯着对方，但在讲话即将结束时会看着对方，以作示意。

当然，对掌控口语互动的节奏而言，副语言线索也无处不在。例如，语调在调节我们与他人互动的方式上起着重要作用。在书面语中，由于词与词之间有空格，因此我们知道哪里是词语的开头和结尾。逗号、句号、感叹号和问号等标点符号的规范使用表明应如何分析、分割和理解书面语句。想一想，口语中没有问号，词与词之间也没有空格。但口语中有声调的起伏、说话节奏的快慢、声音强弱的变化和音节的重读，所有这些构成了口语中的"标点符号"。

表情包密码

面面俱到的表情包

那么,表情包如何在短信体中促进情绪表达呢?它如何帮助我们与对方产生共鸣,从而避免发生"怒喷"现象呢?简单说来,表情包之于短信体,如同非言语线索之于口头交互。至少在目前,表情包的主要作用并不是取代语言,而是提供类似于非言语线索的作用,填补短信体所缺失的功能,促进有效沟通。表情包之于短信体,如同身势语言和副语言之于口语,具有非言语线索在面对面的语言交互中所发挥的全部六大功能。

第一,以意义代换功能为例。在短信体中,有时用一个表情符号足矣,如回应一句超级搞笑的话,"笑哭了"表情符号也许再合适不过。对于本书第一章提到安迪·默里的推文而言,仅使用表情符号就足够了,用来代替语言描述婚礼当天激动人心的各项活动。

表情符号之所以能代替文本,是因为一个表情符号就相当于一个视觉格式塔。"格式塔"一词源于德语,是指人对整体的感知(20世纪初期知觉心理学的一个流派曾以此命名,具体请参阅第三章)。将表情符号看作一种格式塔,是因为表情符号能浓缩一组复杂的感受,通过一个简单、直观的符号体现。"笑哭了"表情符号就是一个很好的例证,用一个简单的象形符号表达出一系列复杂的情感,而且这一象形符号既能被立即辨识,又能产生共鸣。相比之下,想一想在英语中要用多少单词才能表达同样的概念。表情符号的确可以代替数字信息中的词语,可尽管如此,我们选用表情包时仍要三思而后行。有位

04　表达情感的秘方

二十多岁的年轻人在探讨表情包使用礼仪时表示,匆忙使用表情包的下场可能相当于第一次约会迟到或谈到前任那般严重:

> 一次,有个男生想约我出去,但邀约里除了表情包外,几乎什么也没说。当然,表情符号很可爱,但我有些反感,因为我们肯定是要用文字交谈的,不是什么符号,那又该怎么办呢?我很难决定:我不想因为几个符号而毁了我和一个爱说爱笑的男生交往的机会,但他太爱用表情符号了,破坏了我对他的第一印象。他用表情包开始一段感情,也太心急了吧。

不必多说了!

第二,表情包具有语义强调功能。毕竟,使用表情符号的乐趣之一在于表情符号可以重复多次。比如,有人对你表示爱意,会发来一串儿爱心。这种真爱告白具有多模式性。这样,表情包也实现了强调功能。表情符号重复次数越多,语言模式所传递的信息就越能得到强化,也就越能宣告爱得真、爱得深、爱得疯。

一个相关例证是澳大利亚国会议员兼外交大臣朱莉·毕晓普,可以说她是澳大利亚最具影响力的女性,特别喜爱用表情符号发推文。本书第一章中提到毕晓普女士用表情包接受政治采访,其间用表情符号气红脸的男人代表弗拉基米尔·普京。但朱莉·毕晓普使用表情包的方式常常体现了表情包的一些主要功能。以她在 2015 年 12 月 4 日圣诞节前发布的推文为例(见图 4-4)。这条推文包含许多表情符号,都是在强化语言信息。其中明显的实例包括邮局表情符号,由于推特上邮局图标带有与议会建筑相似的圆顶,所以它在这里用以强调"议会"一词。除此之外,竖起大拇指和鼓掌的表情符号用来强调她想表达的感激之情;而星星主题表情符号的使用有助于突出"辉煌的一年"这一概念。

图 4-4 澳大利亚议员朱莉·毕晓普在圣诞节前发布的推文[①]

同时,朱莉·毕晓普的推文也彰显了表情包的其他功能。例如,她用表情符号代替词语,表示航空旅行和圣诞节。推文结尾处的六个表情符号都与度假有关,补充说明了她对假期的美好祝愿。下文将详述表情包的语义补充功能。

表情包还有第三种功能——反语。例如,表情符号"翻白眼"就是一个很好的例证,一位评论员尤为贴切地将其称为"反讽修饰符"。

以英国体育主播、知名人士加里·莱因克尔(Gary Lineker)在

---

① 此图中推文为译文,@DFAT 为澳大利亚外交与贸易部的官方推特号,其中的 2015 年依照原著翻译,实际应为 2016 年。——译者

2016 年欧洲杯期间发布的一条推文为例。在比赛过程中，英格兰这支劲旅败给排名靠后的冰岛队，无缘晋级。在随后的比赛中，东道主法国队轻松击败冰岛队。莱因克尔本人曾是英格兰队球员，但他却在推特上加入了恶搞英格兰队的行列，发文称："不明白我们为什么要大批特批英格兰队，看看法国跟冰岛踢得多艰难😒。"

"翻白眼"表情符号产生了一种元评论式的反语效果，表明莱因克尔想让人们解读他信息的方式——是在说信息的反面含义。在这场足球比赛中，法国队击败冰岛队一点也不难，英格兰队也本不应该输。因此，在英格兰队被人口只有 30 多万的冰岛队羞辱之后，莱因克尔认为媒体对英格兰队的批评完全在情理之中。

因此，有了"翻白眼"表情符号，我们就知道莱因克尔的本意实际上与他发布的推文相反，以莱因克尔标志性的自嘲风格为实现基础。毕竟，他是一个敢在推特上公开打赌的人，赌局为：如果他年轻时所在的莱斯特城足球俱乐部（Leicester City）赢得了联赛冠军，他就会在英国广播公司（BBC）最火爆的足球赛事直播节目中只穿着内裤主持，他的球队做到了，他也做到了！

事实上，表情符号用作元评论是表情包第四个功能的核心——语义补充功能，引导对方理解所收到的信息。在数字化通信中，由于肢体语言（微笑、眨眼或自嘲地耸肩）缺失，无法调节信息力度，因此很容易伤及对方的脸面，没有什么比表情包更能有效化解这样棘手的问题了。当然，"脸面"这一概念与我们和他人交往时产生的自我价值感和尊严感有关，本质上是我们的公众形象。有很多事都会伤脸面，

表情包密码

因此我们每天都会非常注意自己的言谈举止，以避免这样的情况发生。没有人想让自己看起来像个傻瓜，也不愿意让别人指指点点，搞得我们心烦意乱。这就是礼貌性特征的意义。一个"请"或一句"谢谢"能有效地降低他人要求本身所固有的伤脸面风险。在面对面的交互中，一个微笑或眨眼通常可以化解那些伤及脸面的言论、评价或要求。

在短信体中，表情包提供了一种重要的暗示，影响着人们如何理解有损脸面的信息，这通常会在特定语境中化解伤脸面的可能。用一个表情符号便可化解充满戾气的话语，也可化解因请求没有得到满足而导致的不快后果。此外，即使出现脸面尽失的危机，表情包也显出大气的本色，几乎不会给他人造成不快。即使是一个生气的表情符号，人们也几乎不会太把它当回事。

表情包在语义补充方面的另一个例证是对于情感态度的表达。举一个常见的现象为例，发送者在信息结尾加上表情符号，表达内心感受，此时便为自己的信息加入了一个元评论，作为一种非言语线索，表明发送者对所述内容的态度，从而使信息得到正确的理解。比如，一句训斥——"又迟到了！"其后若带着一个微笑或眨眼的表情符号，与生气表情符号相比，形成的意义完全不同。通过这种方式，表情符号提供了一个重要的暗示，使对方能够更好地理解短信体中的交际信号。

因此，表情包也会使言语信息变得微妙，引导对方以幽默的方式来理解收到的信息。下面一段叙述根据记者阿什利·费特斯（Ashley Fetters）在《智族》（GQ）杂志上发表的内容改编，加入了"翻白眼"

表情符号：

A：他们真的是一起从酒吧回家的吗？！

哇，看来真爱无法阻挡。

B：他们真的是一起从酒吧回家的吗？！

哇，看来真爱无法阻挡😒。

A 叙述了一个较为平常的故事。晚上一对夫妇一起回家。尽管两人都喝得醉醺醺的，但真爱无法阻挡。但在 B 中，情况则完全不同。表示不赞同的抿嘴和翻白眼的表情符号告诉我们，发送者心里想的意思完全不同：晚上喝了一通酒后，这对醉醺醺的夫妇一起回家；通常情况下，他们觉得对方毫无魅力——显而易见，起作用的不是真爱，而是酒。

表情包也有对某个词或短语的强调功能。我们用表情符号强调一个词，实际上是通过表情符号所支持的多模式性，强调表达的概念，就像朱莉·毕晓普发推文那样。表情符号的使用起到了强化"议会"和"辉煌的一年"二词的作用。两个星星表情符号对应"辉煌"一词，突出相关概念。在感谢（澳大利亚）外交与贸易部的工作人员时，毕晓普用竖起大拇指和鼓掌的表情符号，强调她所要表达的谢意。

最后，表情包还体现了第六个功能——话语组织。表情符号在即时消息或推文中最常出现的位置是开头或结尾。消息开头的内容通常是对上一条消息的回复。例如，我与某人熟悉到用表情符号的程度，便可能简单地回复一个微笑表情符号来表示已收到消息，或者用一个竖起大拇指的表情符号来表示赞同。而消息结尾的内容不仅具有元评论的特点，可用于解释我的话语，而且也向对方发出信号，表示我的想法已在此条信息中表达完毕，不用再发消息往下说了。通过这种方式，表情符号提供了有时被对话分析师称作"转换关联位置"（transition relevance place）的空间。在持续的对话中，我们表述完一个想法后，就会放慢语速并停下来。这是对方开始发言的"位置"，不会让对方感觉是在插嘴。这种持续话语转换是对话的特点，两人或两人以上轮流发言，起伏有致。在短信体中，我们也有办法表示消息的结尾即为想法的结束——用表情符号结束一条短消息，表明发言完毕，再清楚不过了。

有鉴于此，这与本章开始提到的"怒喷"现象有什么关系呢？答案或许显而易见。在社交中，对于交际信息意义的表达，很大一部分源自非言语线索，而电子邮件、短信等短信体（即语言模式）中非言语线索占比相对较小。单靠数字化文本信息传递意义存在巨大的不足，缺少个性展现、口语中词语的细微差异等很多与情绪表达相关的信息。因此，我们有时会觉得一封电子邮件写得冒冒失失，或一条短信读起来冷冰冰、牛哄哄，甚至更糟，遇到这般"怒喷"的现象，也就不足为奇了。

历史的倒退？

有人认为，表情包让我们倒退到了不识字的黑暗时代，让我们变得更不善于交流。但这种观点不过是孤陋寡闻和狭隘的文化精英主义罢了。一位评论家就受到了影响,不看好表情包,公开对如今已无处不在的表情符号发难。专业艺术评论和逆向思想家乔纳森·琼斯(Jonathan Jones)也在《卫报》上刊文反对表情包:"历经数千年艰难的发展,从蛮荒到莎士比亚再到更具文化气息的时代,而如今人类却正急于将所有这一切抛弃。"他称表情包是"人类的一大退步",嘲讽的口吻尽显无遗:"表情包,要用随你便,反正我要一直坚守莎翁的语言。"

当然,具有讽刺意味的是,莎翁的语言原本就用于表演。如果没有副语言线索的指引,即使莎士比亚再有天赋,其语言本身也将毫无生气,亦如旧时欧洲白人男性的陈词滥调。这些线索是莎翁语言情感共鸣的基础,为他的戏剧注入了一种新的诠释,例如隐藏最深的反面人物之一埃古(Iago),是纯粹出于嫉妒奥赛罗(Othello),还是迷恋上了这位魅力非凡的威尼斯将军呢?语义派生于词语的组织方式,其情感共鸣和多义性通过语气、手势和动作表现。表情包与之相似,也有助于丰富其展现的词语意义,在情感表达不断被缩减的网络用语中,让原本枯燥的短信体变得清晰、微妙、全面。

这种对表情包带有偏见的观点,其中一个谬误在于它从根本上误解了交流的本质。表情包无关乎篇幅较长的书面通信、文学、复杂的散文和读写能力的问题。表情包的重要性体现在日常生活中被删减或缩略的数字化信息,即那些与日常交谈中放声思考发挥着同样功用的推文,还有那些日益代替简短的面谈,用来安排和协调社交活动的各式即时聊天工具。断言表情包会削弱我们的沟通能力,就好比说在对话中使用面部表情会让你的想法更难理解。这么说很荒谬。把表情包和莎翁语言相比是错误的，表情包不是语言的替代品。事实上，根据我所做的研究以及本书回顾和展示的调查，我发现了一个有力的证据：表情包实际上能让使用者更好地表达他们的情绪，甚至能帮助他们在数字时代提高沟通能力。

此外，教育和临床相关研究表明，以图像为主的视觉表现形式是一种强大的交流工具，是口语或书面语之外的选择，尤其对于语言能力不太强的未成年人更是如此。例如，用图像与术后儿童进行沟通行之有效，而语言模式的沟通效果不太好。近期一些项目甚至特意利用表情包比文本更能有效传递情感这一特点。例如，瑞典一家儿童慈善机构开发了一套定制的表情符号，帮助家庭暴力的受害者。另一个实例是被称为"社交情绪学习"（Emotes）的教育项目，使用类似表情包的符号来教孩子们更好地表达他们的情绪。表情包在教育、娱乐和咨询等领域的作用和意义巨大。

即使是成年人也会经常发现视觉表现形式十分有效，尤其是在教育领域。例如，在专业培训班上，经常听到有人害怕看到课上有大量文字说明，称自己什么都学不会，因为他们是视觉学习者。视觉图像学习被研究人员和教育工作者认为是四种基本的学习方式之一，可以说是全球最普遍的学习方式（其他三种是基于听觉、书面和身势/动作的学习方式）。有理由相信，既然图形和图像在教育和咨询领域发挥着强大的交际作用，那么表情包在我们日常的短信体中亦会如此。

04 表达情感的秘方

当今,毫无疑问我们生活在数字时代,移动互联网技术让我们在虚拟世界中与素未谋面的人建立联系。世界上绝大多数会使用电脑的人已将表情包当成日常必备。它丰富多彩、传情达意、彰显个性。而正是个性为交流增添了润滑剂。表情包不仅能让我们在数字化生活中更好地表达自己,还能让我们联系老朋友、结交新朋友。表情包的内涵不仅仅是开心或悲伤的表情,而是具有真正的交际价值,代表我们在数字化生活中迈出了重要一步,满足短信体的实际需要。不论优劣,表情包都已在我们当中流行开来。

多彩的文字

长期以来,带有文字预测功能的输入法一直是智能手机的标配,甚至在手机智能化之前就已出现。该功能是系统根据输入的单词首字母并结合个人的语言使用习惯,列出我们想要输入的词语;文字预测输入法软件"学习"用户最常用的词语,以便下次能给出输入建议。2016 年,苹果操作系统升级,新增表情符号预测功能,引发广泛关注。通过系统整合,iPad 和 iPhone 用户无需下载专门的应用程序,便可在撰写电子邮件或消息时将文字替换成表情符号。在用户输入时,系统自动建议可用表情符号,同时也会重点标出那些可替换成表情符号的文字(详情见图 5-1)。

表情包密码

> 我本来要赶火车，但时间来不及，所以我急忙钻进了汽车，不知能不能准时到，希望OK。

> 我本来要 🏃 🚆 ，但时间来不及，所以我急忙钻进了 🚗 ， 能不能准时到，希望 👍 。

图 5-1　2016 年苹果操作系统新增表情符号预测功能应用实例

不仅如此，在单独使用时，表情符号还会被放大至原来的三倍。这不仅代表我们可用超大的爱心和眨眼图形更好地满足自我情绪宣泄的需要，而且更为关键的优势在于这种象形符号被放大后，其细节昭然可见，让人们清楚地看到诸如"松了口气"和"微笑"等相似表情符号间有何差别。但当与文本一起使用时，表情符号会缩到原来的大小，从而使语言和表情包组合成混合模式信息。

苹果公司这一举动使表情包在认可度和重要性方面都得到了提升，成为一种可以帮助我们创建、修饰和点缀文字信息的通用电子拼写表。一向以刻板严谨为准则的《华尔街日报》有位名叫乔安娜·斯特恩（Joanna Stern）的记者，她试着用表情包写了一篇文章，引发震惊（见图 5-2）。

如本书第一章所述，破译表情包"句子"的含义绝非易事。我们已经知道，这是因为表情包不是一种真正的语言，缺乏必要的语法和词汇，无法避免两个彼此相邻的表情符号所产生的歧义。现以图 5-2

为例加以说明。其中第一句话最后是拇指向上和摄像机表情符号，组合起来能表达"我想要一台摄像机"或"摄像机很好或很有用"等意。但事实上，作者是要传达：善于用视频的形式表达自己。

	第一句	第二句
第一行	我以善于用语言甚至视频表达自己而自豪。	但又因我的表情包写作这么差而感到很惭愧。
第二行	试图破解所有这些微小的图片但感觉极其高深。	到目前为止，你是否理解了这篇文章，还是感到沮丧？
第三行	这真的是数字通信的未来吗？	
第四行	九个猫脸的变体？！	萨尔萨舞女郎？
第五行	但是，无论我们文字爱好者是否喜欢它，表情包都在这里。	它们的受欢迎程度飙升，
第六行	表情包调色板在智能手机和计算机中的使用量增长。	
第七行	所以我决定……	

图 5-2 《华尔街日报》中《我如何学习用表情符号写作》一文第一段及其翻译

表情包密码

文字系统是口语的体现和代表,而表情包则向文字系统注入了多彩的元素,为数字时代引进了一套增强的拼写规则。乔安娜·斯特恩在文章中提到自己正在努力学习这种五彩缤纷的新创作形式,但她意识到"不能单单用表情符号对文字内容进行补充,你也要调整大脑,进行视觉思考,掌握用卡通交流的技巧"。

这就触及了问题的实质。文字形式确实随着我们不断变化的需求发展和演变。虽然语言本身已有几十万年的历史,口语或许也可追溯至约五十万年前的古人——海德堡人(Homo heidelbergensis),但文字发源则晚得多。

文字这一发明在很多方面都有重大的意义。首先,文字为区分史前史和之后的历史奠定了基础,文字记录也为我们追溯历史提供了较为确凿的参照。最早的文字形式——如五千多年前埃及人发明的圣书体,就是用于记录统治者的生活、时代和行为,当然,也用于主持宗教仪式和祭祀神灵。

其次,与口语不同,文字能让交际跨越时空。口语(和手语)具有瞬时性,而文字记录则能永存。此外,书面语为我们提供了一种不受地理限制的交际方式。毕竟,一封信可以在几天之内寄到全球各地。用电子邮件或即时信息传输,这封信的内容可瞬间到达。

因此,如果说文字系统的出现为语言交际增添了价值,那么它是何时且如何发展的,文字又是如何演变的呢?就本书主题而言,在数字革命的背景下,表情包是如何发展起来的?文字系统在哪些方面促成了表情包的诞生?

标点符号的情感化体现

表情包是近些年的产物，而情绪和语调通过视觉表现的历史源远流长。当然，其中难点在于如何向口语的视觉表现形式——文字系统——注入口语纷繁复杂的信息和情感。古希腊时期，民主治理体制的出现开创了一个以雄辩术为主的时代。文字则退居二线。在公元前5世纪左右的雅典黄金时代，书面文字不仅没有标点符号，而且单词之间也没有空格，就像这样："withoutspacingbetweenwords"。那时人们视口语为至上，尤其是在辩论的公共环境下。而那些会认字的人只能埋头钻研文稿，就算再难理解也要一点点啃透。

直到公元前3世纪，埃及亚历山大的一位希腊图书管理员才建议使用简单的标点符号——逗号、冒号和当时被称为"periodo"①的符号，用作表示诵读时换气的记号。但罗马人并不买账。虽然他们想到用点来分隔单词，但他们仍然拒绝使用标点符号。罗马最著名的演说家之一西塞罗（Cicero）曾表示，句子何时结束，"不应由说话者气息停顿决定，也不应由抄写者的笔触决定，而应以语韵为限"。这样看来，罗马的读者似乎更倾向于通过大声朗读给书面文字加标点，并利用韵律分析内容。

待罗马帝国灭亡，进入基督教时代，标点符号才确立自身地位。

---

① "periodo"一词演变为现代英语的"period"（句号）一词。——译者

表情包密码

这是由于文字在作为一种传教的工具时展现出了极其重要的作用,修道院院长和神职人员要确保神圣的经文不会被随意解读,神圣的意义必须得到保护。到了公元6世纪,基督教经文的撰写人开始使用标点符号以辅助人们阅读。正是从这时起,标点符号不再只是简单的换气记号。随着逗号和句号的出现,语法意义开始萌发。从公元七世纪开始,单词间空格变为常态。到了中世纪,冒号、分号和问号诞生,标志着语法意义得到了进一步拓展。最后,公元15世纪,充满感情的感叹号终于出现了。

从这个角度来看,包括单词间空格在内的标点符号在文字系统中的作用,其实是某些副语言功能的自然反应。例如,冒号和分号被用来表示文本单元在语义上的联系,甚至还同时改变了句子含义,等同于各类降速和各种停顿等言语韵律的特征,显示了言语单元之间的关系。

一个例证是牛津逗号(Oxford comma)是否相对实用的争论。牛津逗号是牛津大学出版社对写作格式的一项规范性要求,指用于并列关系的逗号,如下句所示:

You need eggs, plain flour, and icing sugar.(你需要鸡蛋、面粉和冰糖。)

牛津逗号的用法经常在文法迷之间制造分歧。支持者认为,没有它,句子就会产生歧义。在下面的例句中,如果没有牛津逗号,下面这句话可能会被误解为说话者的父母是 Lady Gaga[①] 和 Humpty Dumpty[②]：

I love my parents, Lady Gaga and Humpty Dumpty.[③]

配上牛津逗号，问题就迎刃而解了：

I love my parents, Lady Gaga, and Humpty Dumpty.[④]

反对者指出，牛津逗号是多余的，上句各并列成分只要重排一下即可："I love lady Gaga, Humpty Dumpty and my parents."（我爱 Lady Gaga、Humpty Dumpty 和我的父母。）不管观点如何，假设你真的关心这个问题，我想说的重点是：逗号不仅反映了言语韵律中的呼吸停顿，就像韵律本身一样，还会影响整个句子的含义。简言之，标点符号提供了一种机制，将口语中副语言的某些元素有机地注入书面语中。在此过程中，标点符号吸取了副语言的语义功能，包括语篇组织、词语意义的细化和补充，甚至包含了语调所传达的情感。

---

① Lady Gaga，美国流行乐著名女歌手。——译者
② Humpty Dumpty（矮胖子），刘易斯·卡罗尔的经典著作《爱丽丝镜中奇遇记》中的人物。——译者
③ 这句话有两种译法，一种是"我爱我的父母：Lady Gaga 和 Humpty Dumpty"；另一种是："我爱我的父母、Lady Gaga 和 Humpty Dumpty"。——译者
④ 这句话只能译为"我爱我的父母、Lady Gaga 和 Humpty Dumpty"。——译者

表情包密码

表情字符的历史

  与面对面的口头交际相比,这些标点符号所发挥的非言语交际线索作用还远远不足,但书面语交流从来都不需要这么复杂,直到近几年,情况才发生变化。这是因为在过去,从使用目的和重要意义两个方面来看,书面语交流都仅仅是口头交际的补充,而非与之平行。世界上的文学作品和体裁——从诗歌到小说,从教科书到自助指南——并没有取代人们日常的交流。文学作品(小说、戏剧、诗歌)以及知识类书籍(如教科书、指南等)主要为娱乐大众,或让读者细致了解特定主题而创作,汲取的方式、目的、环境都不相同。而日记等其他文体类型又有着完全不同的用途,甚至都有可能不会对外传播。

  但如前所述,数字技术的出现被广泛认为是世界第三次工业革命(见表5-1),随后,我们与他人的社会交往越来越多地依靠数字渠道实现,而不是面对面的口头交流。现场会议越来越多地被电子邮件所取代;八卦场地也被挪到了Facebook上;即使在同一屋檐下,亲朋好友也很有可能用即时聊天软件相互沟通。以英国为代表的西方数字经济体为例,如今,全英国人口中有超过80%的成年人(16岁及以上)用电脑或智能手机上网,72%的成年人使用社交媒体。总的来说,英国成年人每周上网总时长近22小时,而且还有上升趋势。

表 5-1　三次工业革命

类别	时期	驱动力	简介
第一次工业革命	1760—1840 年	蒸汽和水力技术，以蒸汽机的发明为代表	从农业/农村到工业/城市社会的过渡
第二次工业革命	1870—1914 年	新技术进步，以电力和内燃机为代表	工业高度机械化推动工厂大规模生产
第三次工业革命亦称"数字革命"	1980 年至今	数字技术的出现，以个人计算机、互联网、信息和通信技术为代表	从模拟和机械装置到数字化的过渡

数字革命使短信体广为流行，但随之产生一个问题，那就是如何准确地将情感融入我们的电子邮件和即时消息中。一种方法是利用文字系统所使用的视觉载体。通过视觉表达情感，显而易见的方式之一是用图像模仿微笑、眨眼或悲伤的表情，以象似的形式再现人类的情感体验。

正是基于上述策略，一项提议在 20 世纪 80 年代初的美国浮出水面，并最终催生了所谓的表情字符（emoticon）：情感（emotion）和图符（icon）的合成词。世界上第一个发明表情字符的人通常被认为是卡内基梅隆大学（Carnegie Mellon University）的计算机科学教授斯科特·法尔曼（Scott E. Fahlman）。当时，该校计算机科学的教职员工和学生经常在网络 BBS 论坛上开玩笑。据传，起因是有人发帖称学校发生了一起水银泄漏事件，本来是一场恶作剧，大家却信以为真了，于是法尔曼提议用一个笑脸表情字符代表开玩笑：

表情包密码

我建议用下面一串字符以表示玩笑：

:-)

横过来看。鉴于目前的趋势，将不是玩笑的话加以标记也许更实用。即：

:-(

上述是1982年全球已知的首个在数字时代运用笑脸表情的实例，可事实上还有更早的例证。十多年之前，文学大师弗拉基米尔·纳博科夫（Vladimir Nabokov）就提出了一个与法尔曼类似的主意，将标点符号组成表情字符。在1969年《纽约时报》刊登的一篇访谈中，对于纳博科夫在同时代作家中排名如何这一问题，这位俄裔美籍作家尖锐地回答："我常想，应该有一种特殊的字符来表示微笑——类似一个凹进去的符号———个仰卧的圆括号，我此刻就想画一个这样的符号来回答你这个问题。"

比这更早的确凿例证是在1967年，被《读者文摘》（*Reader's Digest*）收录，转载《巴尔的摩周日太阳报》（*Baltimore Sunday Sun*）专栏作家拉尔夫·雷珀特（Ralph Reppert）的文章："依芙阿姨是我认识的唯一会写面部表情的人。依芙阿姨写的表情就像'-)'，表示开玩笑。她经常用在一句话末尾，如 Your Cousin Vernie is a natural blonde again -)。"（你的表妹弗妮又成天生的金发女啦。）

甚至还有比这更早的范例，记录在美国杂志《哈佛妙文》上。在该杂志1936年刊登的一篇文章中，艾伦·格雷格（Alan Gregg）建议使用下列符号表示面部表情：微笑（-），大笑（--），皱眉（#）和眨眼（*）。

然而，人们希望文本能体现情绪的历史最早可追溯到19世纪。1881年，讽刺杂志《顽童》(Puck)刊出下列符号，用于表现幽默（见图5-3）。

开心　　忧伤　　冷漠　　惊讶

图5-3　在1881年《顽童》杂志上出现的早期幽默符号

除此之外，相关范例还有很多。19世纪著名新闻记者、散文家和评论家安布罗斯·比耶尔斯（Ambrose Bierce）发表了一篇题为《简洁清晰之论》(For brevity and clarity)的文章，其中他讥讽了当时的写作风格，主张推行文风改革。作为同时代最著名的讽刺作家之一，比耶尔斯建议使用他称作"窃笑点"（snigger point）的标记，即一条线两端向上翘起，写作时可用来表达他所说的"仰天大笑"——大声或无节制的笑。据他所述，窃笑点可以用符号⌣表示，代表微笑着的嘴，应加在每一句诙谐或反讽语的句号后。比尔斯认为，这将是"标点符号的一次完善"。

在数字时代到来之前，有一个表情字符最为著名，也最具争议，但实际上也许算不上是表情字符。美国第十六任总统亚伯拉罕·林肯（Abraham Lincoln）是一位以幽默诙谐著称的演说家。1862年他发

表情包密码

表一次演讲后,当时文稿排字工人希望再现演说现场的氛围,呈现总统妙趣横生的语言。他们用括号标明"观众掌声"等字样,表示观众在鼓掌,如下所示:

（applause and laughter；）

（掌声和笑声；）

从此,拼字法和标点符号专家们就开始钻研起了这个符号";)",探究表情符号的历史渊源。如标点符号专家、历史学家基思·休斯顿（Keith Houston）指出:"这份听写记录是手工排字,因而不像机械排字那样存在错排字符的可能。因此,似乎有理由认为,未用更具语法意义的');',却使用了';)',是有意而为之。"

无论怎样,自1982年法尔曼提出建议之后,表情字符迅速流行开来。互联网的早期版本,如1980年建立的个人电脑用户国际电子论坛"新闻组"（Usenet）,创造了电子信息交流平台,这就需要比传统文字系统更加精细的情感类标点符号。第一个表情字符出现后的各式变种,很快传播开来。尤其是使用拉丁字母的人,模仿法尔曼的风格,把眼睛放在左边,然后是鼻子和嘴巴。这个表情字符形象地代表了相关面部表情特征。表情字符用简单的标点符号构成了一种易于理解的视觉形象。

为更好地表示千差万别的情绪状态,进而出现了各种不同的表情符号。样例如下:

05 多彩的文字

:-(

这个字符表示"悲伤";两个嘴角向下的符号表示"非常悲伤"或"哭泣":

:-((

其他表情字符包括尴尬:

'>

眨眼:

;-)

咧嘴笑:

:-D

吐舌:

:-P

但就像其他交际系统一样,表情字符也在不断变化。最初法尔曼建议使用的表情字符都有"鼻子",如下所示:

:-)

越来越多的证据表明,有人更喜欢"无鼻"的笑脸:

:)

问题来了——这是为什么呢?

为了找到答案,一位研究人员对美国英语使用者在推特上使用表情字符的情况展开调查(每条推特消息限定在140个字符以内)。研究人员分析了近400万条推文,其中包含了最受欢迎的四种表情字符:微笑、眨眼、皱眉和大笑。研究者泰勒·施诺贝伦(Tyler

Schnoebelen)重点关注表情字符的演变时间和原因,作为他在斯坦福大学博士论文课题的一部分。有鼻和无鼻的表情字符虽都有人用,但事实证明,无鼻的表情字符更常见。表 5-2 总结了调查结果。对此,虽然可解释为推特用户不输入鼻子只是为了节约一个字符而已,但实际情况不仅更复杂,而且也更有趣。

表 5-2　有鼻和无鼻的表情字符

意义	表情字符	语料库中使用次数	语料库中各表情字符使用占比
微笑（无鼻）	:)	1 496 585	39.6
眨眼（无鼻）	;)	397 745	10.5
皱眉（无鼻）	:(	312 769	8.3
大笑（无鼻）	:D	281 907	7.5
有鼻微笑	:-)	183 131	4.9
有鼻眨眼	;-)	70 618	1.9
有鼻皱眉	:-(	27 561	0.7

语言的一类变化源于所谓的"隐威信"(covert prestige)。合乎标准的言语具有威信,但有时非标准化的语言隐含吸引力。例如,在年轻男性等社会群体中,表现群体归属感、凝聚力和成员关系的方式之一是说脏话,而不是使用礼貌用语,脏话体现了群体认同。这种为了归属感而拒绝使用规范化语言的现象就是群内或隐性威信。

从法尔曼的倡议开始,尤其随着 20 世纪 90 年代早期电子邮件的兴起,带鼻子的表情字符大行其道,很快变成一种标准。但在 2006 年,推特平台上线,至少在那里,无鼻的表情字符开始涌现，同时伴随出现了一些有趣的特点。例如，无鼻表情字符使用者的推文往往比有鼻表情字符使用者的推文更短。无鼻表情字符使用者更倾向于非标准的拼写方式，省略单词中的撇号（如"wasn't"中的一撇），使用像"thru"这样的缩写，同时也有更多的错别字（如将"tomorrow"错拼为"tomorow"）。除此之外，无鼻表情字符的使用者往往会用拉长单词等夸张的办法表达情感，如用 sooo 代替 so。这些使用者往往更年轻。相比之下，使用有鼻表情字符的人往往年龄较大，发的推文也更长、更标准，拼写错误更少。

答案似乎清晰明了——省略"鼻子"是年轻人为了摆脱既定标准而采取的一种创新措施。逆势而动是年轻脉动的表现，避免给人留下年老、无聊、保守的印象。这似乎再次印证了非标准用法的隐威信。不过，自 2012 年开展这项研究以来，"丢鼻子"的速度继续加快。如今，许多使用表情字符的人甚至都不知道"带鼻子"的表情字符曾经是一种标准。具有讽刺意味的是，曾经属于年轻人和叛逆者的无鼻表情字符，现今似乎成了新的标准。

诚然，表情字符（emoticons）不是表情符号（emojis）。它们的意义在于让我们在数字时代表达情绪上迈出了第一步，为后来表情包的发展奠定了基础，因此可被看成是表情符号的前身。在数字技术发展早期，彩色成像技术尚处于萌芽阶段，而表情字符以原有标点符号为基础，体现面部表情的象似性，在情绪表达方面发挥了创造性作用。

表情包密码

表情包的诞生

随着移动互联网的出现，终端用户第一次能随时随地上网，这为即时沟通和信息消费带来了各种新的可能。

但要想达到与面对面口头交互相似的语言表达范围和精准效果，简单的表情字符就显得捉襟见肘了。毕竟，表情字符是在数字技术尚未完善，为了满足较为基础的目的而被创造出来的。自此，表情包闪亮登场了！

表情包家族最早一批成员由日本软件工程师栗田穰崇创造。栗田当时在日本最大的移动通信运营商之一都科摩公司工作，他参与了全球首个移动设备商用互联网浏览器系统的开发工作。与我们今天熟悉的互联网不同，早期上网手机，即日本人所称的"功能型手机"，只能显示有限种类的信息，比如通过移动通信网络直接发送到手机上的天气预报。这是由于"功能型手机"的液晶屏幕较小，最多只能显示48个字符。

考虑到这些限制，栗田意识到短信无法包含用户需要的所有信息。例如，为了表达天气不错的想法，他认为一个代表太阳的符号更有效，也更节省空间，因为图像比文字更直观，同时更便于信息传递。但这些早期的表情符号与今天我们所熟知的样子相去甚远，必须进行数字编码，而且要受到图像显示大小的限制。图5-4是栗田创造的一些表情符号的样例。

图5-4 栗田早期创造的表情符号样例

栗田根据用户需要传达和理解的事物来选择具体的图形,主要有两处灵感源泉。其一是日本的连环画作品。连环画又称漫画,历史可追溯到19世纪。漫画家们运用的象征手法被称为"漫符"(manpu),通过视觉符号表现想法。此类符号可能是视觉隐喻,比如用主人公头顶的灯泡表示一个想法或闪念。此外,漫符也可与某种特定的状态联系起来,比如脸上挂着一滴汗珠表示紧张或困惑,因为紧张会使人流汗,是内心混乱的表现。

栗田的第二个灵感来自信息图——一种用于标识公共厕所、停车场、餐馆和禁止抽烟的符号;栗田受信息图启发而设计的表情符号如图5-5所示。

图5-5 早期受信息图启发而设计的表情符号

从1964年东京奥运会那年起,这种图符就在日本广泛使用,以帮助外国游客和运动员寻找公共设施。在此之前,公共信息标识几乎全部是日文。事实上,这些信息图起源于20世纪早期,至今仍在继

表情包密码

续影响着世界各地从机场到高速公路的日常公共标识的信息可视化进程。

信息图是20世纪二三十年代由维也纳社会学家、科学哲学家奥托·纽拉特（Otto Neurath）和他的妻子玛丽（Marie）在奥地利发明的。1925年，纽拉特被任命为维也纳社会经济博物馆的第一任馆长。新博物馆的使命不仅是用作实体文物的仓储，还担负着向维也纳市民普及城市知识的使命。纽拉特积极投身于这座具有教育功能的博物馆建设工作中。为此，他开创了一种可视化系统，用图形表达复杂的概念，使枯燥的统计数据变得生动起来。他希望这些图形人人都能理解，简单到连小学生都能看懂。这种图像交际系统最初被亲切地称作维也纳方法（Vienna Method），到1935年才改名为依索体系（Isotype），即国际图形字体教育体系（International System of Typographic Picture Education）。20世纪30年代，法西斯主义开始席卷奥地利，纽拉特被迫逃离家乡，移居荷兰，后到英国定居。1942年，他们在牛津建立了依索体系学院。第二次世界大战之后，依索体系学院产生的思想远远超越西欧的范围，从苏联到美国都有着巨大影响力。正是他们非凡的成绩推动了全球现代信息图的发展——公共信息标准化标识图。例如，在20世纪70年代，美国设计协会正式确立了本国的公共信息标识体系。

图 5-6　20 世纪 70 年代美国设计协会确定的标准化信息图

最终,栗田和他的团队制作了 176 个表情符号,主要分为两大类。一是表达特定情感态度的视觉符号,二是表现更多实际事物的信息图。图 5-7 列出了栗田团队制作的第一批表情符号。

图 5-7　栗田团队制作的第一批表情符号

表情包密码

三大文字系统

表情包起源于表情字符,而表情字符又是由标点符号演变而来,这是否意味着表情包在本质上与文字存在某种相似性,并有可能在未来的某一天取代文字?毕竟,如上文所述,标点符号在文字系统中难以起到口语中副语言的作用。此外,标点符号在演化了两千多年后推动了表情包的出现,而表情包在短信体中开始越来越多地取代标点符号。因此,在回答我们能否将表情包视为数字时代的文字这一问题前,让我们先用系统的视角分析文字,然后再回到表情包。是什么构成了文字系统?

文字系统可分为三大类,语言学家称之为拼音系统、音节系统和语素系统。拼音系统,如古希腊的拼音文字,属于拉丁语系,最初由古罗马人使用,后来传播到古罗马帝国殖民地,最终演变为英语及欧洲许多国家使用的语言。这种拼音文字由字母构成,通常一个字母对应一个语音。这些字母组合起来,便形成单词等语言单位。

在音节系统中,如日语的平假名,每个符号对应一个音节,即以元音为中心的语音组合。例如,音节 ka 以一个独一无二的符号表示。在音节系统中,一个符号不是单一语音的体现,而是一组更为复杂的语音单位。例如,英语单词"hiccup"(打嗝)有两个音节[①]——你可以简单地用打节拍的方式数一数该词有几个音节,因此在音节系统

---

① 在英语中,是以元音音素来划分音节的,hiccup 的音标为 [ˈhɪkʌp],有两个元音 /ɪ/ 和 /ʌ/,因此是两个音节。——译者

中需要对应两个符号。有些文字系统结合了以上两者。例如，朝鲜语文字系统，即"谚文"——原义为"伟大的朝鲜字"，是一种"音节拼写文字"，其中多个拼写元素组合成音节。谚文是一个非常有趣的文字系统，由15世纪朝鲜王国世宗大王创制，共有10个单元音和14个单辅音，分别由专门的符号表示，对应形式近乎完美。这样的文字系统具有发音确切的特点，因而可以很快被掌握。学习谚文的乐趣在于，你一旦知道了每个符号的拼读方式，就能很快地掌握拼写。这和英语等其他拼音文字十分不同，如英文单词"trough"（槽）和"scoff"（嘲笑）末尾发音相同[①]，但拼写则完全不同。在我的学术生涯中，有幸前往韩国生活和工作，到达后不久，我就用一上午的时间学会了谚文的读写。唯一的问题是，虽然我可以轻松地大声朗读谚文，但却不知道我说的话是什么意思！韩国成人识字率约为98%，是世界上文盲率最低的国家之一，这一事实充分说明了直观、自然的文字系统的价值所在。

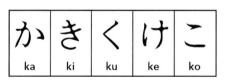

图5-8　（日语）平假名文字系统的字符示例

谚文之所以是拼音系统和音节系统的结合体，是因为它将24个"字母"符号组合成了音节文字单位。下面我举例解释。以"Hangul"

---

① 两个词最后都是 /f/ 音。——译者

（谚文）一词为例，相关语音对应的谚文符号如下：

ㅏ ㄴ ㄱ ㅡ
A N G U

这些符号随后组合成音节单位。在谚文中，"谚文"一词有两个音节，分别是한和글，读作 han 和 gul，组成"한글"一词。

最后一个系统是语素文字，一个符号就是一个完整的字。中国的汉字和日文汉字就是这样的文字系统。古埃及的许多象形符也属于此类。

上述三大文字的主要区别之一是所需的符号数量不同。拼音文字系统在建立意义单元时灵活性较大，所需的符号数量较少，通常在 25～35 个之间。音节文字最多有上百个符号，而语素文字往往由成千上万个符号构成。

文字会因表情包"失意"吗？

那么，作为通过图符表现概念的象形符号系统，表情包与文字系统相比如何呢？事实上，世界上最早的文字形式就是始于和表情包一样的象形符号系统。

大约在公元前 3400 年，苏美尔人发明了文字。苏美尔是我们所知最早的城市文明，可追溯到公元前 6500 年左右。它位于美索不达米亚——幼发拉底河和底格里斯河之间的广阔地区，大致相当于现今伊拉克大部地区、土耳其南部区域，以及叙利亚和科威特的部分地区。美索不达米亚常常被誉为文明的摇篮，孕育了苏美尔文明、阿卡德文明、亚述文明和巴比伦文明。

苏美尔文字系统，又称楔形文字，最早发源于公元前 4 千纪中叶，持续演变了三千多年，大约在公元前 2 世纪弃用。它最初是一个象形符号系统，有大约 1000 个图形，后来发展为 400 个左右特有的楔形符。

图 5-9 举例展示了楔形文字系统的发展过程，即苏美尔词 "sag"（头）在公元前 3000 年至公元前 1000 年的演变。该词最早以象形符号为表现形式，但到了第四阶段，楔形特征的出现增强了该词的抽象表现形式。事实上，我们用来命名苏美尔文字的英文单词 "cuneiform" 来源于拉丁语 "cuneus"，意为楔子。各种楔形逐渐组合成一系列广泛的标记，以表达具体事物以及更抽象的概念。

图 5-9　楔形文字中 "头" 一词演变的七个阶段

在早期阶段，楔形文字属于语素系统。例如，在第一阶段（大约公元前 3000 年）和第二阶段（约 200 年后），一个完整的词以图像形式为代表，也就是说象形符号与其所代表的实物相似。接下来，楔形体系出现，用来表达同样的概念。至此，文字演变出了用楔形符号构成音节的能力，甚至能体现 16 个辅音和 4 个元音，类似于拼读字

表情包密码

母表。这样一来，楔形文字从象形符号演变为表意符号，用抽象的视觉符号表达特定的概念。

表情包又如何呢？很明显，就目前的情况来看，表情包本质上是象形符号，让人联想到早期的楔形文字系统。我在第四章提到了表情包的代换功能构成了数字键盘表情符号预测功能的基础，苹果操作系统如今以此为特色。但事实上，与一门语言中的文字相比，表情符号数量仍然严重不足。这意味着表情包只能在非常有限的范围内代替文字。充其量，表情包只能算是一个早期的文字系统。如果表情包要挑战文字的地位，那么显然需要扩大象形符号的范围，形成更多的"词汇"。

要想避开上述象形符号数量不足的问题，一种办法是从象形符号系统过渡到音节或拼写系统。这就是楔形文字向表意符号过渡的途径。但可惜的是，对于表情包来说，这条路行不通：就目前的情况来看，统一码联盟不允许表情包朝表意符号方向发展；这从注重表情符号具有象形性的审批流程中就可以看出来（第七章将详述）。

那么，如果表情包要取代短信体文本，是否必须摆脱其象形本质呢？不一定。另一个早期的文字系统——古埃及圣书体，就主要由象形符号构成。然而，它们也可以有效地充当音节字母，类似于谚文。

圣书体属于象形文字系统，出现的时间比楔形文字稍晚，是古埃及文化的象征。圣书体（hieroglyph）一词源于古希腊语"heiros"，意为"神圣的"，"glyphe"意为"文字"，即"神圣的文字"（holy writing）。事实上，圣书体最初是为了纪念众神和法老这些神圣的统治者而创造。到公元前 3 千纪中期，大约有 800 个圣书体字符；到后来被古希腊罗马时期拼写系统所取代时，字符数量已经达到 5000 个左右。

圣书体最初具有语素功能①，通过在一组符号末尾加上一条竖线，表示整体是一个意象化的词。但圣书体向更灵活的音节文字和拼音文字发展的轨迹与楔形文字略有不同。古埃及人并没有将象形符发展成更抽象的表意符，而是采用了被称为"语音迁移原则"（rebus principle）的方法，将象形符用来表音——别忘了，符号和语音之间的对应关系是拼音文字系统的基础。

本质上，语音迁移原则是通过与图形关联的语音传递信息，而不是图形本身。现以中世纪纹章为例加以阐明。纹章术通常选用旗帜和盾牌上的图案，将其赋予语音元素，代表一个家族姓氏。例如，1446 年至 1472 年，英国诺维奇主教沃尔特·莱哈特（Walter Lyhart）的纹章是一只躺着的雄鹿。此例中，根据语音迁移原则，一只"lying hart"（躺着的雄鹿）的图案就代表了"Lyhart"家族的名字——hart 是雄鹿的旧词。

语音迁移原则是圣书体发展的方式，目的是使象形符号能表达更抽象的概念。例如，图 5-10 的圣书体字符代表一只埃及秃鹫。如果字符后跟着一条竖线，那么就表示一个完整的词——"秃鹫"。但根

---

① 圣书体在后来的发展中也可以当作表音符号，以字符后面是否有"一条竖线"来区分是表意还是表音。有竖线的是表意，没有竖线的是表音。——译者

据语音迁移原则，该图也可用于表音，发喉塞音——类似于"bottle"（瓶子）中双"t"在伦敦东区的发音。如果没有竖线，该图就是喉塞音的表音字符。原则上，通过这种方式，圣书体字符可组合书写任何古埃及文字——尽管圣书体从未被完全纳入真正的拼音文字系统。

图 5-10　表示秃鹫的圣书体字符

那么表情包呢？在短信体中，我们经常用到语音迁移原则，将表情符号语音化。例如，眼睛表情符号不是用来表示"eye"（眼睛），而是用作第一人称"I"（我）。图 5-11 这个例子应该不难理解。

图 5-11　用语音迁移原则表达"我爱你"

在此，用眼睛表情符号虽可代表第一人称代词，但仍算不上是真正的拼音文字系统。诚然，在语音迁移原则的指导下，眼睛表情符号能代替一个完整的词——"I"。但从原则上讲，拼音文字系统建立字符和语音之间的一一对应关系。正如爱心表情符号代替了"love"（爱）一词，眼睛表情符号实质上依然具有语素的特征，只是采用语音迁移原则与某种语言相关联——本例是英文,目的是代替一个完整的词,即"I"。这表明,表情包常用语音迁移原则,其本质依然在语素范畴,而并不具有真正的拼音文字特征。要达到拼音文字的要求,我们必须将表情符号变成语音元素,加以组合,才能"拼出"一个完整的词。

文字因表情包"失意",现阶段不太可能发生。表情包在短信体中具有词语代换的作用,但由于词汇量不足,并不具备替代语素文字系统的特征,也不能作为音节或拼音文字系统使用。

诚然,楔形文字和圣书体等文字系统发展了几千年,表情包才出现短短几年。但表情包作为一种书写形式,目前主要功能是增强个性,尤其在社交短信体中,从表情符号代替某些词语的现象看更为明显。同时也存在极端的事例,比如之前提到的《华尔街日报》记者用表情符号写的文章。

我也遇到过被迫完全用表情包写作的任务,和我帮巴克莱银行(Barclays Bank)所做的研究有关。这项研究以英国人的金钱观为基础,分析语言和表情符号之间的关系,其中涉及一项英国人如何谈论经济关系的调查。我们发现 40% 的英国人觉得谈论金钱比谈论两性关系更尴尬,甚至比偶遇前伴侣还要尴尬;超过 30% 的英国人宁可自掏腰包,也不愿讨回他人欠自己的钱,而正因如此,大概五分之一的英国人平均每人每年损失超过 100 英镑。

相比之下,我们还发现,近一半(49%)的年轻人——年龄在 18 岁至 25 岁之间的受访者认为表情包可以减轻谈话的尴尬。为了让巴克莱银行那些矜持的英国客户轻松些,我受命将英国人觉得最难以启

表情包密码

齿的七大与钱有关的常用语翻译成了表情包（见表 5-3）。

表 5-3　与钱有关的常用语被译成表情包句子

与钱有关的常用语	表情包句子
抱歉，我买不起	👤🙊👚👒👹👹
这太贵了！	👉🐷🏺😵！
我破产了	💸👤
你欠我钱	👤➡👤💳😠
你加错了/你算错了	👤🔟➕🔟👉⚠
我不想平分账单，（因为）我没吃没喝	👤🙊⚖🔪◐■👤🍜🍴🍷
你能借点儿钱给我吗？	➡👤💳👹？

像这样的尝试虽有趣，但大体上，表情包和文字系统并不相同。通常情况下，用表情符号代替书面文字是一种例外，而不是常态。综上所述，表情包不仅给我们的数字化通信增添了一抹色彩，还为我们提供了一种既能引起共鸣又具有力量的视觉交际形式。这就是我们接下来要探讨的话题。

一图胜千言

社交媒体平台 Facebook 月活跃用户约 19 亿人,倘若独立成国,将会是世界上最大的国家,甚至超过中国这个有着近 14 亿人口的大国(见图 6-1)。此外,Facebook 月活跃用户总数几乎是其他主流社交媒体平台总和的两倍:Instagram 照片分享社区 6 亿、推特 3.17 亿、领英(LinkedIn)1.06 亿。唯一与之接近的平台是拥有 12 亿月活跃用户的多媒体即时通信软件 WhatsApp。

Facebook 的起步其实并不起眼,始于美国多所大学的一个传统,即每年印制本校学生与教职员工的照片和个人信息册,俗称"face book"。21 世纪初,马克·扎克伯格(Mark Zuckerberg)还是哈佛大学的本科生。出于隐私方面的考虑,哈佛大学将网络版"face book"计划一再推后。为此,扎克伯格入侵大学电脑服务器,获取学生照片后,开发了自己的线上版本。由于违反了校纪,他被迫关闭了最初的网站,还险些被开除,但随后他解决了网站存在的隐私问题,创建了Facebook的前身"Thefacebook"。这一网站最初只有哈佛大学的本科生注册,后来逐渐扩展到北美所有大学。2006年,甩掉定冠词"the"之后,网站以Facebook之名向公众开放,供13岁及以上拥有电子邮件地址的人使用。

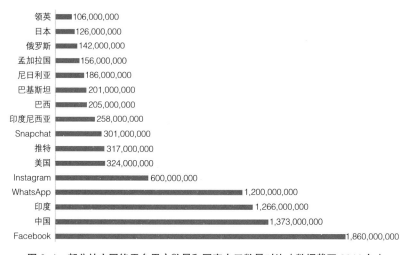

图6-1 部分社交网络平台用户数量和国家人口数量对比(数据截至2016年)

Facebook获得如此巨大的成功,得益于其对视觉素材的运用——图像、动态图(gif)、自剪辑短视频,当然还有照片。每天有超过3亿张图片上传到该平台。图像使人们的交流更有效,也更高效,这就是驱动用户选择Facebook的原因之一。在当今社交媒体大潮中,图文消息更容易受到用户的关注。根据来自业界领先的市场研究机构eMarketer.com的数据,在Facebook和推特等社交媒体应用上,图文消息收到的评论、分享和转发次数远超纯文本。

毫无疑问,我们是视觉生物。两项流行于博客界的统计数据认为，进入人类大脑的外部感官信息有 90% 来自视觉，大脑对视图信息的处理速度是文本信息的 6 万倍。虽然这两个惊人的数据可能有点离谱，但人类大脑中确实有相当大一部分用于处理视觉信息。我们睁开眼睛，便刺激了约三分之二的脑神经活动，40% 的脑神经纤维与视网膜相连；事实上，与视觉相关的神经元比其他四种感官的神经元之和还要多。因此，我们非常擅长处理视觉信息，识别一个物体仅需 100 毫秒左右，认出一张熟悉的面孔大约需要 380 毫秒。

那么，表情包大行其道，是否与视觉感知在人类感官中占主导地位有关？这是否可以解释口头交互中的身势语言和短信体中的表情包等交际视觉线索何以如此有效地加强信息传递和情感表达？

眼见为实

为什么视觉表达在交际中如此重要？就非即时交际而言，文本表达让我们克服了地域限制（如上一章所述）。此外，那些患有脑瘫等病症的人，因脑部掌管肢体运动和协调的区域发育异常而出现言语障碍，视觉表达就可以帮助他们在口头表达困难甚至无法表达时进行交流。

视觉语言"布利斯符"（Blissymbolics）就是一个很好的例证。布利斯符是一种书面交际形式。然而，与其他文字系统不同的是，它并没有相对应自然而生的口语，其构思和发展仅用于或主要用于视觉表达。这套体系由查尔斯·布利斯（Charles Bliss）发明。布利斯是奥地利犹太人，第二次世界大战中奥地利被纳粹吞并后，他先后流亡上海和悉尼。他设想自己的可视化体系可成为一种易于学习的"世界语"。他对汉字的知识，以及在动荡时期与不同背景和文化的人们交流的经历，都影响了他对布利斯符的创建。

例如，在布利斯符中，"I want to go to the cinema"（我想去电影院）这一句的表达方式如图6-2所示。从左到右阅读该句：表达第一人称代词单数，布利斯符由代表"人"的符号和相关数字（1）构成。爱心象征愿望或渴望，上面的小箭头是一个抽象符号，表示动作，与动词"want to"（想要）相对应。"go"（去）这个词的符号像两条腿，上面的动作符号表明这是一个动作。"cinema"（电影院）的符号由房子、图像和代表放电影的一个箭头组成。

图6-2 "I want to go to the cinema"的布利斯符表达

和其他物种一样，我们通过感官系统——眼、耳、口、前庭系统（保持平衡感），以及皮肤、肌腱和关节上的触觉及本体感觉神经（感知触摸和压力），在危险和机遇并存的大千世界收集信息。这些感官系统帮助我们从外部环境中获取各种能量。大脑进而对各种不同类型的能量信号进行解译，让我们理解周遭事物，然后采取适当行动。为了寻找食物和住所，为了在太空中航行，为了避免潜在威胁，为了在各种环境中生存和蓬勃发展，我们需要适应和有效应对身处的环境，而要实现这一切，感知过程必不可少。

有些物种以声音为主导，如蝙蝠的声呐，以及齿鲸、海豚的回声定位，但人类以视觉为主导。关于听觉和视觉的相对主导性有一项著名论证。1974年，心理学家弗朗西斯·科拉维塔（Francis Colavita）发表了知名的研究成果，被称为"视觉主导效应"（visual dominance effect）。在研究中，科拉维塔同时向受试者呈现视觉和听觉两种刺激信号：光信号和声音信号。受试者按下"光"键或"声"键，表示最先感知到了哪种刺激。虽然人类感官对这两种信号都很敏感，但科拉维塔发现，受试者总是选择"光"键而不是"声"键。这表明了一种"启动效应"（priming effect），即当视觉和听觉信号同时出现时，视觉信号更占优势，并触发基于视觉的一系列反应。

这种视觉主导效应更为普遍的模式，被心理学家称作"视觉俘获"（visual capture）。当不同空间区域的视觉刺激与听觉和其他感官刺激同时出现，视觉刺激能率先支配或俘获其他感官刺激，使非视觉刺激变得像是来自视觉的刺激。其他感官体验被迫与观感趋于一致，因为在大脑的感官处理等级中，视觉刺激胜过听觉刺激。

这种效应的一个实例是腹语技巧。腹语师通过"变音"来制造是木偶在说话的错觉。这种错觉之所以产生，正是因为观众的听觉刺激被视觉体验所"俘获"，认为声音是来自视觉刺激源——木偶一张一合的嘴巴。

一种与之相关的著名错觉现象称作"麦格克效应"（McGurk

effect），由一位苏格兰心理学家于20世纪70年代发现，并以他的名字命名。在这个错觉实验中，受试者在屏幕上看到一个人说话，而播放的却是完全不同的语音。当看到的口型与实际听到的语音不同时，受试者就会产生误听，实际上感知到某种混合语音，倾向于他们根据视觉体验所听到的语音。之所以会出现这种惊人效果，是因为视觉体验能影响我们实际听到的声音。请上网搜索"麦格克效应"，眼见为实吧。

是什么促使人类视觉占主导地位呢？极有可能是由于我们祖先经历漫长的进化路线，居住的各种环境所致。类人猿在非洲条件复杂而充满挑战的树栖环境中进化和生活了数百万年。在树梢间活动需要判断茂密丛生的树冠上树枝之间的距离。简言之，视觉能力——尤其是准确判断树冠纵深的能力，避免坠落的危险，是生存关键。尽管原始人类祖先在约600万年前下到地面，开始直立行走，我们所继承下来的基因也有一些重要进化，但本质上还是非洲类人猿的大脑组织。视觉仍占主导地位。

人类祖先栖身的树冠塑造了我们的感知层次体系，支持这一观点的证据之一是"深度知觉"（depth perception）——更准确地说，是当我们失去感知深度的能力之时。深度知觉至少在一定程度上源于所谓的"双眼视差"（binocular disparity）。成年人的两只眼睛平均相距3.5厘米，每只眼睛感知的视野角度略有不同。因此，每只眼睛接收到的光信号经大脑处理，转换成的神经电信号就不太一样了。大脑利用这种差异来计算我们视野中物体间的距离。

值得关注的一点是，那些有一只眼不幸失明的人难以估计物体间的距离；他们在感知三维空间方面也存在困难，尤其面对近距离及快速移动的物体。例如，仅有一只眼能看见的人在开车和打网球时会遇到很大障碍。此外，单眼视力丧失会削弱视觉主导力，视觉俘获效应也会显著减弱。缺少一只好眼睛，人类的视觉主导力就会降低。

表情包是艺术吗？

由于视觉感知在人类进化过程中发挥了核心作用，因此我们似乎自然而然地看重自己的视觉体验，无论在传递信息还是在增添审美愉悦感方面，视觉都占有首要地位。人类的视图表达有着悠久且极其重要的历史，远远早于文字的出现。事实上，我在上一章提到的楔形文字和圣书体等早期文字系统，就是在象形图符的基础上，发源于有着艺术特质的早期书写符号。事实证明，这也是表情包的基础。

石器时代绘画可追溯到近四万年前，已知最早的洞穴绘画在印度尼西亚被发现。欧洲最古老的绘画可追溯到约三万年前，位于法国南部阿尔代什地区的肖维岩洞（Chauvet-Pont-d'Arc Cave），主要描绘动物和狩猎场景。虽然石器时代的"壁画"一般是指在洞穴四壁和顶部创作的绘画，作为装点生活空间之用，但有些绘画在偏远且相对难以进入的洞穴中被发现，没有人类居住的痕迹，这使得专家们认为壁画可能也在一定程度上用于宗教仪式。艺术作品受推崇往往是由于其审美价值，而审美价值因时空不同而变，受文化和时尚影响，还和创作者对技艺的理解和运用有关，如此种种，却依然具有一些功能性的作用。出于本章主题讨论之目的，大致可确定艺术的三大功能：物理功能（或实用功能）、社会功能和个性化功能。

物理功能与艺术品用途有关。在日本传统茶道中，"手持式乐烧"的功用是拌茶和装茶。但乐烧制作工艺有烧陶快速冷却这一环节，以便精确上色，给予了乐烧惊艳的艺术效果。

社会功能指艺术品通过影响、评论或以其他方式介入集体社会生活。例如，英国街头艺术家班克西（Banksy）的涂鸦作品就是一个著名实例。

个性化功能与艺术审美价值关系最为密切。在这一层面上，艺术可满足个人自我表达、快感或娱乐的需求。但这三大功能常常具有协同性，以便为人们提供一种交流想法、思想、观点或角度的途径。

鉴于此，表情包在多大程度上能体现艺术性？较为明显，表情包有一种实用功能，即用于交流。在此，如本书第四章所述，表情符号通过丰富、补充甚至修正我们用词语表达的交际信号，以帮助我们达成目的。表情包还具有社会功能，表现人际态度（即我们如何感受对方及其信息内容），增添话语组织力，让我们更好地把控文本信息的交流。最后，表情包和艺术一样，也具有个性化功能，彰显着我们的个性。无论用多少颗"爱心"来表达"我爱你"，还是发送一个"公主"表情符号表达对自己粗暴行为的歉意，抑或是在周五下午发送的信息中插入"快乐爆竹"，表示"感谢老天可算到星期五了"（TGIF），你选用的任何一个表情符号都在很大程度上表达着你的个性。因此，如同艺术，表情包利用视觉模式来传递一条或一系列丰富的视觉信息，并触发情感反应。

如果以上内容还没能让你相信艺术和表情包在功能上存在相似性，那至少对某些人来说，表情包已被正式归到艺术范畴。2016年，纽约现代艺术博物馆（MoMA）宣布将表情符号添加到其永久藏品中。最初由栗田设计的176个表情符号（图5-7）已由委托制作方日本都科摩电信公司授权纽约现代艺术博物馆所有。这些表情符号现在竟然与巴勃罗·毕加索（Pablo Picasso）和杰克逊·波洛克（Jackson Pollock）的藏品并排陈列。

就当代视觉设计而言，表情包无疑获得了巨大成功，既充分融入了流行文化，又丰富了我们日常的数字化信息交流。表情包如今具有的重要性、复杂性和普遍性超出了发明者栗田创作之初的想象。

视觉化转喻

本书第二章提到表情符号被认为类似于视觉化象征或转喻。"辞格"是一种旨在产生"诗意效果"（poetic effect）[①]的修辞手法。在此，我将用更专业的术语说明相关原理。如果有难以理解之处，不

---

① 诗意效果是一种特殊的语言效果，是丹·斯珀波（Dan Sperber）和迪埃珥·威尔逊（Deirdre Wilson）提出的关联理论中的提法，是指反语和隐喻等修辞性文体或特殊语言所产生的效果。——译者

必太担心,重要的是在整体上掌握使用和理解表情符号的方法。

所谓的"重头辞转"(master trope)是一种诗性隐喻,指一个概念通过隐含的对比表达另一个概念。例如,看到朱丽叶出现在阳台上,罗密欧说出了那句经典台词:"轻声!那边窗子里亮起来的是什么光?那就是东方,朱丽叶就是太阳!"在这里,朱丽叶的美丽与太阳的光辉相比。为了完全阐明这一点,罗密欧继续说道:"起来吧,美丽的太阳!赶走那妒忌的月亮,她因为她的女弟子比她美得多,已经气得面色惨白了。"

但表情符号与隐喻略有不同,毕竟表情符号并不是真要比作什么。相反,它们更多具有参照或指向功能,将我们的注意力吸引到其间接唤起的特定概念上。例如,一个笑脸表情符号表示快乐,但其方式是通过笑脸视觉表达,而笑脸是快乐的显著表征。事实上,表情符号的象似性基础往往并不直接。虽然如本书第三章所述,快乐和微笑之间有直接的因果关系,但在这里,笑脸作为结果,代表相关情感体验,以此为成因,而笑脸是该成因的表征。这种辞格被称作"转喻"(metonymy)。转喻是常用的比喻手法,以一物指代另一物,两者之间具有因果关系。例如,我说"白金汉宫拒绝发表评论",意思其实是英国君主或其发言人拒绝发表评论。白金汉宫是英国君主官邸之一,因此与君主政体之间存在因果联系。虽然这是语言学的一个转喻实例,但表情符号在视觉模式下发挥了相似的功能。

可以说,表情符号的视觉化转喻往往更加复杂。让我们回到之前提到的三不猴表情符号。如本书第三章所述，它们共同传达了一条形象化格言，西方文化将其理解成切勿对无礼行为视而不见的训诫，通过表情符号以象似动作再现——蒙眼睛、捂耳朵和堵嘴巴，唤起了一个复杂因果关系的不同层面。你若用手蒙住眼睛，就看不到无礼行为，也就不能加以阻止了。当然，这是因为用手蒙住眼睛会让你什么都看不见。结果就是你被剥夺了一种特定的体验模式——视觉。

从某种程度上说，这是不言自明的道理，我们无所见，自然也就无所知。当我说"I see what you mean"（我看出你什么意思了），我在表达自己明白了。当我说"We need a leader with vision"（我们需要一位眼光好的领导者），我并不是主张召集一批领导者进行视力测试。相反，我是在哀叹我们缺乏一位领导者——一位具有战略眼光的领导者。"know"（知）与"see"（见）以我们对事物的体验为基础，二者之间有着不可分割的联系。事实证明，在日常生活中，两件事同时经历，就会在我们脑海中融为一体。这和人类大脑学习方式有关。此外，脑科学先驱唐纳德·赫布（Donald Hebb）以一句简洁的话语概括了这一现象：一起放电的神经元会紧紧相连（What fires together wires together）。

认知科学家乔治·莱考夫和马克·约翰逊认为，"知"和"见"等相连的两种体验有助于形成更抽象的概念。以"时间"为例，试想一下：世间没有任何你能指出并确定为时间的东西。尽管岁月在我们每个人脸上都留下了印记，我们能感知时间的流逝，也能在寒来暑往面对镜中苍老的面容时一睹时间对我们的影响，但和实物不同，我们

> 表情包密码

抓不着也摸不到它。然而，我们谈论时间，就好像它是一个在移动的物体。我们会说："The time for a decision has come"（决定的时候到了），或者"Christmas is fast approaching"（圣诞节将至）。我们对时间"流逝"感知的同时，往往要么是从 A 点移到 B 点，要么是感知其他移动的物体，因此"时"和"动"在我们大脑中联结成对。

对于"知"和"见"，"时"和"动"等联结成对的体验，莱考夫和约翰逊称之为"概念隐喻"（conceptual metaphors）。概念隐喻不同于我们在莎士比亚作品中看到的隐喻辞格。更确切地讲，概念隐喻根植于我们在世间的体验。这些日常经验促成大脑特定的组织模式。我们感觉所见就是所知，掌握与"所知"和"所见"之事相关的知识领域，于是便在我们的头脑中形成不可分割的联系。正因如此，我们才能使用与"见"相关的词语指代"知"和"明白"的概念。但重要的是，这些概念隐喻具有单向性，反之不能成立。例如，我不能使用与"知"相关的词语来指代"见"。比如，我说"I know Mount Everest"（我知道珠穆朗玛峰），并不代表"I see Mount Everest"（我看到了珠穆朗玛峰）。

这表明，我们大脑中各类体验之间存在联系，但这些相关联系具有方向性。根据莱考夫和约翰逊的观点，在"所知即所见"（knowing is seeing）的概念隐喻中，视觉体验——"所见"位居其二，为目标"所知"建立结构。通过这种方式，更抽象的概念——"所知"汲取与我们自身相关的更为具体且有形的"所见"体验，将其转化为抽象概念的物质基础。我们在谈论有眼光的领导者时，会被理解为在讨论领导者的知识和智慧，而不是被理解为在讨论他们需要验光配近视镜，这正是因为我们的大脑思维结构是以"所知即所见"的概念隐喻为基础。

岔开主题，转而小谈概念隐喻，是因为"所知即所见"的概念隐喻对于理解三不猴表情符号的转喻基础很重要。猴子蒙住眼睛，代表看不见。根据"所知即所见"的概念隐喻逻辑，由于看不见，所以猴子也无所知。在因果关系方面，这种无所知的状态意味着对无礼行为视而不见：无视无礼行为的前提是对其不为所见。但最关键的是，猴子是故意捂住自己的脸，因此代表蓄意不看，即使有所知，也无作为。简言之，虽然这是一个转喻，但蒙住眼睛的行为代表了一条完整的因果链。因此表情符号像是包含了一种转喻辞格，以一种事物代表另一种事物。但通常，这仅仅是更复杂的因果关系中的一种因素。

当然，整件事也许不可避免地还要复杂一些，因为有三只猴子，而并不仅仅是一只。每只猴子都分别含有"所知即所见""所知即所闻"和"沟通即言语"的概念隐喻。每一个概念隐喻，都是由我们头脑中相互关联的日常经验独立驱动，它们共同创造了一句全球性的形象化格言：不见恶，不闻恶，不言恶（see no evil, hear no evil, speak no evil）。

以蒙眼睛的猴子为例，蒙住眼睛是以转喻的形式代表一条完整的因果链，分析如下：我故意蒙住眼睛是因为我不想看到自己不喜欢的事，如果看到了，就会觉得自己不得不采取行动，或者在道德的压力下采取行动，可我不想这样（因为这种行动令人讨厌，也许会对我自身造成伤害），因此我选择规避行动，办法是决定不看自己不喜欢的事，这样的话，我就要蒙住眼睛。

虽然上文这样解释三不猴表情符号的原理和原因，也许会让你头疼，可一旦你掌握了它们，使用就变得简单了。此外，一旦你掌握了转喻的概念，你会发现大量的表情符号都在用它。简单的"哈哈"笑脸本质上属于转喻。正如之前所提到的，微笑不等同于快乐。更准确地说，微笑是快乐的表征。因此，表情包采用一种外在的物理形象体现快乐。实际上，转喻正是表情包原理所在！

情绪表现机制

让我们从科学开始。情绪产生于中脑（mid-brain）结构中对体验的处理过程，引发具有进化价值的生理反应。情绪是人体平衡机制，涉及新陈代谢、免疫系统和脉搏等方面，以在生物层面调节健康。它们的价值在于让人在危险情况下做出本能反应——如恐惧，也可促成被我们看成是快乐或爱的情绪反应。一种特定的情绪会引起身体状态的变化，如心慌或心跳加速，并表现为一种"感觉"，即我们对情绪状态有自觉意识。

这意味着，情绪会产生一种迅速的身体反应，促使我们应对紧迫情况，其优势在于我们不必有意识地做选择。权衡某一行为的利弊需要时间,而在此之前,情绪就起作用了。看啊,身体随之而动,成功地躲过一劫,这在思考把事情搞砸之前就实现了。毕竟,有些事件需要闪电般的快速反应;一个瞬间的反应能让我们免受伤害,而思考会让反应变得迟钝。例如,"战逃反应"源于一系列生理反应,包括心率加快、肾上腺素分泌增多和其他生理反射动作,使身体能立即应对感知到的威胁或危险情况,而这些反应通常与恐惧密切相关。

根据研究,情绪可分为初级、二级,甚至三级。初级情绪是与生俱来的,而不是后天习得。在进化过程中,这些情绪融入人类遗传基因并继承下来。从某种意义上说,它们是本能的情绪,不受个人意愿所控,这与某些后天习得的二级或社会情绪形成了鲜明对比。一时激动,或在"腥牙血爪"之时——抱歉在此借用阿尔弗雷德·丁尼生(Alfred Lord Tennyson)的诗句,初级情绪往往先于二、三级情绪发生。

例如,发怒这种初级情绪往往会触发二级情绪——厌恶和盛怒,反之不然。表6-1列出了各种情绪的分类。

表6-1 情绪分类

初级情绪	二级情绪	三级情绪
爱	钟爱	倾慕,钟爱,爱慕,关心,同情,嗜好,喜爱,怜悯,温存
	强烈欲望	兴奋,渴望,痴迷,强烈欲望,激情
	渴求	渴求
	乐观	热切、期望、乐观
	沉迷	沉迷、狂喜
	宽慰	宽慰
惊	惊讶	惊叹、震惊、惊讶

（续表）

初级情绪	二级情绪	三级情绪
喜	快活	愉悦、极乐、快活、高兴、欢欣、狂喜、享受、欢愉、开心、快乐、欢喜、幸福、愉快、欢乐、喜悦、欣慰、欢欣鼓舞
	兴奋	热衷、刺激、兴高采烈、激动、热情、兴奋
	满足	满足、满意
	自豪	自豪、（巨大成功或胜利的）狂喜
怒	恼火	恼怒、烦躁、不安、暴躁、恼火
	恼怒	恼怒、挫败
	暴怒	愤怒、怨恨、狂怒、敌视、仇恨、愤慨、暴怒、愤恨、蔑视、憎恨、报复、震怒
	憎恶	蔑视、憎恶、嫌恶
	嫉妒	嫉妒、妒羡
	痛苦	痛苦
悲	折磨	极度痛苦、折磨
	悲伤	沮丧、绝望、愁闷、伤心、忧郁、绝望、悲伤、痛苦、悲痛、悲哀、不快、苦恼
	失望	失望、沮丧、烦恼
	羞愧	内疚、后悔、懊悔、羞愧
	忽视	疏离、挫败、困窘、思乡、屈辱、侮辱、孤立、孤独、忽视
	同情	同情、遗憾
恐	畏惧	惊慌、恐惧、惊吓、畏惧、狂躁、诧异、恐慌、惊愕、惊恐
	紧张	焦虑、忧虑、紧张、焦躁、不安、担忧

注：不同的研究者会提出不同的原始或基础（初级）情绪分类。例如，极具影响力的情绪研究专家罗伯特·普拉切克（Robert Plutchik）就把"爱"排除在初级情绪之外。

作为一种生物调节机制，情绪会让人产生感觉，即自觉意识，同时情绪与感觉又有着许多生理上的联系，包括姿势特征以及由43块面部肌肉控制的面部表情等一系列复杂的情绪外在表现形式。我们的嘴形、脸颊、眉毛，以及眼神和目光都能向他人传递我们的感受，而且通常可立即被感知并分辨。实际上,我们可通过他人的姿势和面部表情"看到"他们的情绪状态。正是这些可识别的外在情绪表达,被融入数字键盘的那些小黄脸表情符号中。

表情包的喻体

莱考夫和约翰逊开创的概念隐喻研究揭示了一个植根于世间体验的隐喻系统。有了这些日常比喻,我们就可以重复运用感受和情绪状态的外在表现形式,去指代以此为物理表征的情绪。例如,莱考夫和约翰逊表明,在语言表达方面,我们总是从垂直的角度来谈论并思考快乐和悲伤:"She's feeling up today"(她今天情绪高昂);"He's on a high"(他兴致很高);"She's down in the dumps"(她的心情跌落谷底);"I'm feeling low"(我情绪低落)。在我们的日常体验中,与快乐或悲伤相伴的身体姿势通常作为一种表征用于表达情绪状态。在大脑长期记忆(long-term memory)中,身体姿势和情绪状态这两类体验相互联系,形成概念隐喻。正如上文所述,概念隐喻可以被用于转喻,让我们能用一个概念指代与其紧密相关的其他概念。这句"She seems up today"(今天她看起来情绪高昂)用"up"作为一种积极情绪状态的概念参照点,而这种情绪状态的外在表现形式恰恰是其引发的相关体态。

我们用语言表达情绪的概念模式也适用于视觉模式。以"贝叶挂毯"(Bayeux Tapestry)为例,这是一件11世纪的刺绣品,以1066

年诺曼人征服英格兰一系列事件为主题。贝叶挂毯是早期叙事型艺术作品的一个范例,上面绘有一系列情景及数百个姿态和表情各异的人物。悲、怒、恐等情绪的表现运用了一种人类情绪表达所凝聚的"视觉词汇"(visual vocabulary)。

例如,在一项研究中,视觉语言学家哈维尔·迪亚斯-贝拉(Javier E. Diaz-Vera)发现,贝叶挂毯上突出的眼睛用作恐惧的转喻。他在贝叶挂毯上发现了 32 处表示恐惧的图案,分别通过两种突出的眼睛代表。在图 6-3(a)中,我们看到的是一个带有圆孔的黑色瞳孔,而在图 6-3(b)中,我们看到的是一个没有圆孔的黑色瞳孔。

图 6-3　贝叶挂毯上突出的眼睛

在图 6-4 所示的贝叶挂毯中,哈罗德国王在拯救两名快被流沙淹没的士兵;他背着一名士兵,同时又用手拽着另一名士兵。哈罗德和其中一名士兵都有突出的眼睛,表明他们都很恐惧。与此相似,不同的社交媒体平台上表示恐惧的表情符号也使用了睁大或突出的眼睛。

图 6-4　贝叶挂毯画面中,哈罗德国王正在拯救两名快被流沙淹没的士兵,眼睛突出,以表恐惧

图 6-5　iOS 9.3（a）和 Android 6.0.1（b）系统中表示恐惧的表情符号

同样以概念隐喻为基础的转喻手法也用于从迪士尼动画电影到连环漫画等其他表达情绪的场景中。据此,我们通过运用视觉隐喻(情绪体验的视觉表征),组合多种视觉标志(眼、口、眉),以转喻的形式促成面部表情,代表——同时也指代具体的情感体验。沃尔特·迪士尼(Walt Disney)比大多数人更明白这一点。例如,在 1939 年

表情包密码

的动画片《指示猎犬》中,迪士尼的卡通人物米老鼠已颇负盛名。在这部短片中,米老鼠试着训练他的宠物狗布鲁托成为一只指示犬。《指示猎犬》这部作品往往被誉为动画片发展史上的里程碑,其中一个创新是在米老鼠眼睛上画了瞳孔。这样一来,瞳孔的收缩和放大使得更复杂的情感表达成为可能。

同样,表情符号有助于表现情绪,而且在数字化交流中,也使情绪变得更为直观。一方面,显而易见,我们会感到悲伤,因为我们用了表现悲伤的表情符号;但另一方面,这并不会削弱我们理解时而发生的一系列因果事件背后的复杂原理。也正因如此,表情包作为一种视觉交际系统,比单纯的文本交际更有效,也更有力。

因世界之变而变

任何一位称职的专业语言学者都会表示,语言是文化的组成部分,不仅反映着文化,也推动着文化的发展。于此,一个典型现象就是所谓的不可译词。这些词与特定文化概念有关。事实上,大量的词语具有不可译性,无法在其他语言中找到对等词,而这恰恰说明了语言和文化之间的关系是多么紧密。

我个人最喜欢下面这些词。"tingo"是复活节岛(Easter Island)的拉帕努伊语,属于波利尼西亚语系,意为有计划地向邻居借东西,但从不归还,直到将所有物品归为己有。德语"fernweh"表示对一个从未去过的地方心驰神往。俄语"toska"一词,如弗拉基米尔·纳博科夫所述:"英语中没有一个词能完全表达出'toska'的含义。在至深至痛的程度,'toska'指在没有任何具体因由的情况下,却感到巨大的精神痛苦;程度较轻时,它指一种灵魂的隐痛、一种无所求的渴望、一种病态的期盼、一种茫然的不安、一种精神的阵痛、一种向往。在特定的情况下，它可以是对某个人或某件事的渴望、一种念旧、一种相思。在程度最弱的情感表达上，它指一种无聊、厌倦。"还有巴西葡萄牙语"cafuné"，用来描述一个人用手指抚摸爱人头发的温柔动作。最后，也许是最让人心酸的一个词——罗马尼亚语"dor"，用于描述想念亲人或远方某地时的怅然若失感。

和语言一样，表情包也是一种文化现象。虽然统一码联盟为表情包制定了一个国际标准，或多或少限定了表情符号的形态，但问题在于，无论是统一码联盟还是其他任何人，都没有规定某个表情符号的含义。因此，表情符号的使用方式往往取决于特定的文化因素。

本书第三章提到了表情符号在不同文化间的差异，其中"双手合十"表情符号在东方文化和西方文化中的解读各不相同。此外，以"银行"表情符号为例。有时，在一些软件平台上，该表情符号体现为单词"bank"（银行），甚至是字母"bk"。但在日本，字母"bk"通常是日语"bakkeru"的缩写，而"bakkeru"通常是"逃避责任"的惯用语。因此，在日本，银行表情符号经常用来表示某人在偷懒，或是在逃避责任。

文化差异的另一个实例是以两位女性为主题的表情符号。在20世纪50年代末的美国，性感兔女郎套装由花花公子企业集团（Playboy Enterprises）设计而成，随后风靡日本。在日本，"兔女郎"（bunnygirl）一词是指身着兔女郎套装、具有性感魅力的乖乖女。2010年，统一码联盟引入该表情符号，因为当时兔女郎表情符号已在日本流行。然而，在西方文化中，这个表情符号经常被女性用来表示友谊或女孩之夜——对于西方大多数女性来说，该表情符号的含义与最初含义已相去甚远。另一个表情符号是一位女子单手上举，作托盘状，在日本是指前台工作人员，托手表示愿意帮忙；但在西方文化中，就变成了"sassy"（无礼的）之意，通常用来表示前面的话有些顽皮或讽刺。

图 7-1　世界各地含义不同的表情符号样例

重点在于语言反映了文化知识和文化多样性，表情包也是如此。虽然表情符号呈现出的形象受到国际标准的影响，但理解表情符号的方式则会因我们所处文化不同而变。具有讽刺意味的是，兔女郎表情符号在日本反映了女性的顺从，是一种男性主导的价值观，而在西方却被解读为女性团结乃至解放——丢下男性伴侣，晚上只和女性同伴一起去玩。

和词语一样，表情符号也会产生新的意义，有时甚至与原始文化起源相去甚远。和语言一样，表情包也在进化、发展和改变，这是由其使用方式和用途所决定的。但从表情包改变和发展的方式来看，它和语言到底有多相似呢？

表情包密码

语言的历史、宗系和特点

语言就像人一般,是一个有生命、会呼吸、不断改变和进化的有机体。就像人一样,语言有它的过去、谱系、宗谱,甚至根据语言变体的影响力度,享有社会地位。

以英语为例。英语属于日耳曼语系,日耳曼人从今天的荷兰、德国北部和丹麦的部分地区入侵英格兰后,英语开始形成。原先说古弗里斯兰语各种方言的盎格鲁、撒克逊和朱特等部落,逐渐转变成英格兰人。公元410年左右,罗马军团撤离不列颠,造成权力真空,这些部落抓住契机,在仅仅100多年的时间里,在今天的英格兰地区建立了多个王国。事实上,亚瑟王传奇源于此时的一个历史人物,他统一了曾被罗马统治的凯尔特部落,并在起初抵御住了这些新入侵者的威胁。但最终,凯尔特人被放逐到了不列颠群岛的边疆地区。英语单词"Wales"(威尔士)和"Welsh"(威尔士人)就分别衍生自盎格鲁-撒克逊语,意为"外国土地"和"外国人",词根都是"wahla";在现代德语中,这一表达以"welsch"形式保存至今,意为"奇怪的"。具有讽刺意味的是,作为最初的凯尔特不列颠人,威尔士人在入侵自己的家园的英格兰人身上贴上了"外国人"的标签。

这些日耳曼侵略者早期的殖民方式在英国地名上留下了不可磨灭的印记。例如,苏塞克斯(Sussex)、艾塞克斯(Essex)和东安格利亚(East Anglia)这些当今英格兰地区的地名,以缩写形式代表了曾经高贵的盎格鲁-撒克逊王国的地名:苏塞克斯(Sussex)是南撒克逊（South Saxon）的缩写；艾塞克斯（Essex）是东撒克逊（East Saxon）的缩写；东安格利亚（East Anglia）是东盎格鲁（Eastern Angles）的缩写。

1066年征服者威廉一世统治时期，英格兰使用的英语为古英语，而如今古英语更像是一门外语，现在的人几乎认不出。下文摘自一本10世纪帮助说古英语的人学习拉丁语的对话手册，为艾因沙姆（Eynsham）的埃尔弗里克（Ælfric，955—1010年）所写，他是一位方丈，同时也是一位多产作家。

> *We cildra biddab pe, eala lareow, pæt pu tæce us sprecan [. . .] forpam ungelæerede we syndon & gewæmmodlice we sprecab. Hwæt wille ge sprecan? Hwæt rece we hwæt we sprecan, buton hit riht spræc sy & behefe, næs idel oppe fracod. Wille beswungen on leornunge? Leofre ys us beon geswungen for lare pænne hit ne cunnan. Ac we witun pe bilewitne wesan & nellan onbelæden swincgla us, buton pu bi togenydd fram us.*

以下是其现代英语译文：

> *We children ask you, oh teacher, to teach us to speak Latin correctly [. . .] for we are unlearned and we*

speak corruptly. What do you wish to talk about? What do we care what we talk about, as long as the speech is correct and useful, not idle or base. Are you willing to be beaten while learning? We would rather be beaten for the sake of learning than remain ignorant. But we know you to be kind, and you do not wish to inflict a beating on us, unless we force you to it.

（我们这些孩子请老师你教我们正确地说拉丁语……因为我们不懂拉丁语，而且讲得很糟糕。你们想谈些什么？我们所关心的是我们所谈论的，只要说得正确和有用，而不是无聊或低俗。你们愿意在学习中挨打吗？我们宁愿为了学习而挨打，也不愿做无知的人。但我们知道你是仁慈的，你不希望我们挨打，除非我们逼得你这样做。）

显而易见，英语有明确的发展史，大致始于日耳曼部落在现称英格兰地区定居期间，同时英语也归于一大语系。英语起源于大西洋北海沿海一带古弗里西语的方言，大致从荷兰北部的弗里西亚到德国北部海岸，然后向上拐入丹麦被称为日德兰半岛的大陆地区。由于地理上的分隔和时间上的推移，一种新的语言慢慢出现了。这种新的语言，曾被称为"Ænglisc""Anglisc"或"Englisc"，即盎格鲁人的语言，到7世纪时，已经明显不同于欧洲大陆的弗里西语。

尽管英语的发展轨迹与欧洲大陆的语言不同，但它仍然属于日耳曼语系。日耳曼语的鼻祖被语言学家称为原始日耳曼语（Proto-Germanic），日后包括英语在内的各日耳曼语分支语言都由此派生。原始日耳曼语早于文字出现，虽然没有确凿的历史资料证明其存在，但人们认为它出现于公元前500年左右青铜器时代（Bronze Age）的斯堪的纳维亚半岛（Scandinavia），以丹麦和瑞典地区为中心。公元90年左右，古罗马历史学家塔西佗（Tacitus）写成《日耳曼尼亚志》一书，其中记录了关于日耳曼部落的历史，为原始日耳曼语提供了证据。那时，日耳曼各民族生活在古罗马帝国边界之外，遍及德国北部平原。

随着日耳曼民族不断迁徙、分裂，变化渐渐产生。在忙忙碌碌的日常生活中，使用一种语言的人通常察觉不到语言的变化，但多年之后，点滴变化累积起来，就会出现惊人的差异。正是这些变化导致了古英语（盎格鲁－撒克逊时期）、中古英语（乔叟时期）、早期现代英语（莎士比亚时期）和现代英语（当今）各时期英语的巨大差异。

日耳曼语系有三个分支。西日耳曼语包括英语、德语（母语使用者超过1亿人）和荷兰语（母语使用者约2300万人）。北日耳曼语包括斯堪的纳维亚语种，如挪威语、丹麦语、瑞典语和冰岛语，使用者约2000万人。最后是已消亡的东日耳曼语分支，包括现在已消亡的哥特语、汪达尔语和勃艮第语。图7-2所示为西日耳曼语分支的"宗谱"。

语言形态和形式各异，甚至让人误认为一种语言就是一个独立存在的个体。但事实上，一种语言是由一系列不同的语言变体组成（例如美式、澳式、英式和爱尔兰式英语等）。在这一点上，一种语言就像一个国家，由不同的人组成，具有不同的性格和个性，也许仅与国家特征有些许相似。

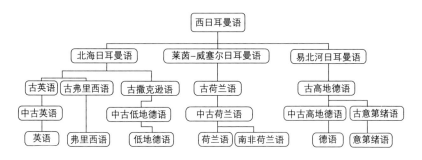

图7-2 西日耳曼语分支的宗谱

各语种间的界限不总是泾渭分明。不同语言间也可互通。例如，讲罗马尼亚语的人或多或少能听懂标准意大利语，因为罗马尼亚语和意大利语都是拉丁语的后裔。然而，同一语系的不同变体有时却无法互通。虽然标准的英式英语和其变体美式英语间可互通，但巴布亚新几内亚混合英语的克里奥尔语种——巴布亚皮钦语（Tok Pisin）对英美双方来说都难以理解。

甚至标准的概念都是一个棘手的问题。在莎士比亚时代，没有现代意义上的标准英语。标准英语的概念后来才开始形成，以伦敦皇室为中心，并受到当时英国最繁荣地区——中部地区的影响。除口音之外，"标准"还包括语法和词汇。"女王英语或国王英语"（Queen's or King's English）这一专用术语通常是指标准的英式英语，也指所谓的标准音（received pronunciation，RP）。该术语首次出现在 1926 年由英国语言学家丹尼尔·琼斯（Daniel Jones）编纂出版的第二版《英语发音词典》中，指标准英式英语发音。有趣的是，琼斯是萧伯纳（George Bernard Shaw）在其虚构戏剧《卖花女》中亨利·希金斯教授的原型，这部戏剧后来被拍成电影《窈窕淑女》，由雷克斯·哈里森（Rex Harrison）主演。在片中，他饰演一名教授，仅凭口音就能精确定位任何一位伦敦人的出生地，误差不超过两三条街。

口音也许是评判语言最明显的形式了。但截至 1974 年，英国也只有 3% 的人说标准音。20 世纪 60 年代前，英国广播公司一直回避地方口音，导致与标准音相比，地方方言和口音不受青睐。英国有多种口音，包括巴罗维安口音、伯明翰口音、布里斯托尔口音、考克尼口音、康沃尔口音、坎伯兰口音、河口口音、泰恩赛德口音、兰开斯特口音、桑德兰口音、曼彻斯特口音、北方口音、杜伦口音、斯托克口音、利物浦口音、玛迈塞特口音，以及大量方言。在美国，也有许多方言和地方口音，包括非洲裔美国人方言、阿巴拉契亚口音，以及巴尔的摩、卡津、五大湖、奇卡诺、特拉华谷、通用美式、丹吉尔、布鲁克林、纽约拉美、老南方、奥索卡、宾夕法尼亚荷兰英语、匹兹堡、新奥尔良方言和密歇根上半岛方言（统称"Yat and Yooper"）。

下面带你进一步领略英语的多样化。在全球范围内，英语有许多不同的地区性变体，如印度英语不同于新加坡英语；"斯确拉因"（Strine）为澳大利亚英语口音，倾向于单词连读。所有这些英语变体都有不同的地位——即使在同一地理区域内。

　　例如，在东南亚国际化城市新加坡，近一半的人口来自新加坡以外的地方。在这里，英语是使用最广泛的语言。不过，有一点需要注意，新加坡有两种不同的英语变体：标准新加坡英语和新加坡式英语，后者通常被称为"Singlish"。1999年，新加坡时任总理吴作栋发起了一项旨在提高新加坡公民标准英语水平的计划，冠以"讲正确英语运动"（Speak Good English Movement）之名，以牺牲新加坡式英语为代价。这一点说明即使当地的变体得到广泛使用，也会被视为次于标准英语。

表情包的历史、宗系和特点

　　那么，表情包与语言相比如何呢？让我们先来关注一下表情包是否有历史可循。相对而言，表情包本身并没有广博的历史。它诞生于日本的一个软件实验室，于1999年2月亮相，归属日本电信巨头都科摩公司移动互联网系统。该系统是全球首个完善的移动网络，被称为i-mode。英语是在盎格鲁－撒克逊部落脱离欧洲大陆之后，从早期日耳曼语中缓慢发展而来，与英语不同的是，表情包却是突然出现的。都科摩公司推出i-mode后，在日本获得了2000万用户，这使得表情包在交际应用方面迅速取得巨大成功。

　　评估交际系统历史的另一种方法是追本溯源。正如上文所述，一种语言可登上语言"宗谱"。英语可追溯到古弗里西语，再往前可追溯到原始日耳曼语。那么表情包又是怎样的呢？

如本书第五章所述，表情包与文字系统中的情感表达形式——表情字符，以及更遥远的标点符号系统有关。它还与20世纪早期发展起来的信息图有关。从这个角度来看，表情包可以被看作是标点符号和信息图的"后代"。

首先，让我们来看看作为表情包的"祖先"——标点符号。本书第五章提到，从某种程度上讲，标点在书面介体中起到了副语言线索的作用。具体而言，标点为表达情感态度提供了一种明确的方式，如感叹号最初被称为"赞叹点"（admiration point）。这个叫法很贴切：感叹号确实是用来表达钦佩、兴奋和其他强烈的情感。

此外，我们希望他人通过在其文稿中加上标点符号表达情感；我们甚至可能认为，标点符号的缺失是缺乏同理心和情感投入的表现。在美国著名情景喜剧《宋飞正传》（Seinfeld）的一集里，伊莱恩和她的男朋友吵架，原因是她好友的孩子出生了，而男友却没有在留言中使用感叹号。她把男友"令人不安"的行为说成是他缺乏同理心的证据。男友则咆哮着说，他不会随意地使用感叹号，最后一怒而去！虽然感叹号在15世纪就出现了，但直到1970年才成为打字机上的标准标点符号，接着仅过了12年，表情字符出现。但更重要的是，两者都能将文字与情感表达结合起来，可被视为表情包的"祖先"。从这个角度来看，表情包是表情字符和早期文本标点符号的"后代"，它们都位于"宗谱"的较高位置。

表情包也可被视为与情感的图形表达有关。起源于20世纪30

表情包密码

年代奥地利的信息图可被看作是表情包的"先驱",就像漫画传统中的"漫符"技艺一样,通过利用视觉符号来表现内心的慌乱,尤其是情感上的焦虑,这些视觉符号显然是栗田在1999年开发并推出一系列表情符号的"鼻祖"。因此,有很多不同的本源可被看作是表情包家族的前身。

现在探讨下一项标准。表情包是否会像自然语言一样发生变化?如果答案是肯定的,又会如何变化呢?正如上文所述,英语经历了许多阶段,从最初侵略者讲的古弗里西方言,到古英语这一差别较明显的英语变体,再到中古英语和后来的早期现代英语。同样,表情包也在演变,最早的表情符号表面上与现今许多表情图形大不相同,只需看看首批表情符号便知。这些表情符号与统一码联盟在2010年10月发布的第一套表情符号相比差别很大。这表明,随着技术的进步,我们使用的表情符号样式也在不断发展。因此,从表面上看,和语言一样,表情包也在不断演变,但其演变的方式有所不同。

在语言方面,英语语音经历了各个历史时期的演变。例如,"knight"(爵士)一词的拼写,开头复辅音"kn"以及辅音组合"gh"反映了其在中古英语中的发音方式。当时,"gh"音类似于苏格兰盖尔语"loch"(湖)中的"ch",如"Loch Ness"(尼斯湖)。但如今这些发音和发音组合在现代英语中已不复存在——尽管它们在现代德语中仍然存在,比如德语"knecht",意为"仆人",发音和拼写与中古英语一模一样。相比之下,表情符号在视觉表达方面已有所发展,但不是自然因素所致,而是基于人类开发新技术的能力,视觉显示效果得以增强，产生更丰富的颜色、更高的像素。

最后，一种语言有不同的变体（方言和口音），每种变体都有自身显著的特征，彰显语言的特性，相比之下，表情包的表现怎样？表情包和语言一样，也有不同的变体。虽然统一码联盟统一了标准，但如同牛津词典对标准英语所作的规定，每个操作系统都在以不同的样式呈现表情符号，产生我们所说的不同"变体"。

例如，不同平台上 "嘻嘻"表情符号（参见图 7-3）样式迥异。为此，表情包百科网站（emojipedia.org）甚至对它发出了一个危险警告："该表情符号在各平台的外观差异很大。请谨慎使用。"

图 7-3 各大平台上"嘻嘻"表情符号样式

各平台有各自专属的表情符号外观，这使同一表情符号在不同平台的用户中引发不同的反应——本书第二章"表情包犯罪"一节中最先提到了这个问题。这就好比不同变体的英语具有不同的身份和地位，并引起不同的反应——你说话的方式会影响别人对你的看法，如同"新加坡式英语"。

本书第四章介绍了常用表情符号"情绪指数"研究。在美国明尼苏达大学进行的一项相关但不同的研究中，研究人员调查了同一表情符号在不同平台上的视觉表达，他们称之为"情绪评级"。根

表情包密码

据嘴巴形状、眼睛位置等特征，分析相关表情符号所表现的情绪是更积极（快乐），还是更消极（悲伤）。其目的并不是将表情符号按其引发的情绪划分等级。更确切地说，重点是评判同一表情符号在不同平台上引发情绪的差异。毕竟，本书第二章提到枪支表情符号在不同平台上的呈现样式不同。相同表情符号的外观差异是否会引发不同的情绪？

该研究调查了 22 个表情符号，发现同一表情符号由于呈现样式不同，在各大平台上具有不同的情绪值。例如，在苹果系统中，"嘻嘻"表情符号的情绪值为 −1，而在安卓系统中则位于 4 到 5 之间。换言之，同一表情符号在苹果系统中引发中性或消极情绪，而在安卓系统中引发的则是积极的情绪。如图 7-4 所示。

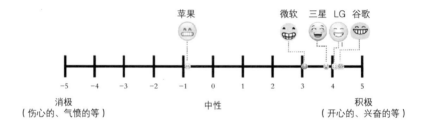

图 7-4　不同平台中的"嘻嘻"表情符号情绪值

这样的结果可能会引发困惑。比如，我用安卓手机给你的苹果手机发了一个"嘻嘻"表情符号，可它却变了样，我们的情绪反应也发生了变化。同样的表情符号在不同操作系统中就这么被"误译"了！

自然语言、人工语言、虚拟语言

在更深层次探讨交际系统如何变化之前,让我们先了解自然语言(natural language)和人工语言(constructed language)之间的差异。英语、法语、日语和斯瓦希里语等语言属于自然语言。随着时间的推移,这些语言在拥有共同文化的社群中不断演变,以便于交流。相反,人工语言由一个或多个人发明,起源通常可以精确到一个特定的日期、时期或事件。人工语言的一个著名实例是世界语——由波兰医生柴门霍夫(L. L. Zamenhof)于1887年创建,他的目标是创造一种可轻松学习的国际语言,以消除不同民族之间的语言沟通障碍。这门语言名自柴门霍夫的笔名"Doktoro Esperanto",其中"Esperanto"意为"有希望的人"。如今,全球约有10万人能流利地说世界语,而爱好者人数已达数百万。

人工语言有许多不同的动因,或为了促进交流的便利性,如世界语或"布利斯符";或为了在特定背景下促进交流,如机器人通过人工智能技术学习如何彼此交流。人工语言也用于增添虚构世界的现实感(如影视文学作品)。

例如,詹姆斯·卡梅伦编创并执导的电影《阿凡达》中的外星语言。《阿凡达》的故事设定在未来,以郁郁葱葱的潘多拉星球为背景,那里的土著民是纳美人(Na'vi)。纳美人在电影中使用的语言由南加州大学语言学家保罗·弗罗默(Paul Frommer)教授开发。为了满足电影的拍摄,弗罗默创造了一种不完整的语言,其中只有约1000

表情包密码

个单词。为了让这门语言听起来与众不同且外星味儿十足，他使用了英语中不存在的发音，因此对英语观众来说，这门语言真像来自外星球。人类可发出的语音范围较大，虽然人类的口语都取自于此，但不同语言使用不同语音（语言学家称之为"音素"），数量差别很大。正如本书第三章所述，语言的音素数量从 11 个到多达 144 个不等。如亚马孙地区的毗拉哈语，只包含 11 个音素，其中男性用 11 个，而女性则只用 10 个。英式英语的标准音有 50 个音素，包括称作双元音的元音组合（如 paid，tow 和 toy 等词中的两个连续元音），以及三元音组合（如 player 和 loyal 中的三个连续元音）。对于纳美语的语音部分，弗罗默借鉴了埃塞俄比亚的阿姆哈拉语和新西兰的毛利语等语言。因此，对于英语使用者来说，纳美语也许听起来像是外太空的语言，但实际上远未脱离人间。

一些虚构语言（fictional language）从完整性的意义上讲更为精细，其中一些甚至也在随时间的推移而不断演变。典型的例子就是托尔金（J. R. R. Tolkien）所创造的一种精灵语——昆雅语（Quenya）。托尔金甚至结合古希腊语创造了一个新词"glossopoeia"，用来指创造语言的活动，包括创造内在的神话和文化。

昆雅语时不时地出现在托尔金的几部著作中，但昆雅语及其所展现的精灵文化和历史在《指环王》基础素材《传奇故事集》（*Legendarium*）中得到了长足发展。也许早在 1910 年，当托尔金还是个小学生时，他就开始创造昆雅语了，但昆雅语的语法在托尔金有生之年一直在变化和发展，这既是因为他一直不断完善昆雅语，也是因为使用昆雅语的人物历史在不断发展。在这一点上，昆雅语反映了自然语言随时间而变的发展历程。昆雅语比纳美语更成熟，但它在语义范围上仍远远落后于自然语言；昆雅语的词汇仍十分贫乏，因此不可能用这种语言进行有意义的对话。

从表面上看，自然语言和人工语言似乎大不相同，但实际上，两者之间的区别往往变得模糊，更多的是在一个范围内，而没有可快速分辨的清晰界限。例如，自然语言可按特定要求受到管控，满足具体目的，这样一来，便更像是人工语言了。

一个很好的例证是所谓的"简洁英语"。"简洁英语"运动始于 1979 年的英国。如今，英国政府在所有以 gov.uk 结尾的政府官方网页、政府机构和部门的通讯和出版物中均采用了"简洁英语"规范。英国各地的议会也都采用了"简洁英语"规范，尤其是对外宣传材料。

"简洁英语"运动体现了人为地使英语更加清晰易懂的努力，主张在保持语法表达和结构简单直接的同时，舍弃许多习语、行话和外来词。英国政府的数字服务部门在 2016 年宣布英国所有政府网页上禁止使用拉丁语，由此引发争议。e.g., i.e. 和 etc. 等常见的拉丁语缩写，将由人们认为更易理解的英语表达取代。

相反，人工语言也可渐渐趋同于自然语言，尤其在形成以此为母语的群体后，更是如此。世界语就是一个很好的例证。世界语是被发明出来的人工语言，但有许多儿童以世界语为母语，因此跨越了从人工语言到自然语言的鸿沟。例如，1996 年发表的一项研究指出，有书面证据表明，当时已有 350 人将世界语作为母语。需要明确的是，母语是指在婴儿期习得的语言，通常在出生后 12 个月左右，也就是发育正常的孩子开始说话时。如果你和我一样，以英语为母语，这意味着你可以毫不费力地使用这门语言。例如，你本能上会觉得"The afraid soldier ran away"很奇怪，但"The scared soldier ran away"（那位受惊吓的士兵跑了）这句话则完全没问题。母语能力意味着你很容易就会发现第一句话不合语法规则，却不知道脑海中是什么样的复杂语法知识让你有这种感觉，甚至都不知道你感觉到的究竟是什么。此外，幼儿持续接触一种以上的语言，就能发展出运用两种语言的能力。在这种情况下，说话者可以说两种母语，被称为双语人群。

一个著名的实例是英国学者、词典编纂者和音乐家蒙塔古·巴特勒（Montagu Butler）。巴特勒很早就热衷于世界语，1905 年，当时 21 岁的他开始学习世界语，不久就能非常流利地使用了。他作为世界语的积极倡导者，一生中大部分时间都在提倡并宣传世界语。他是英国世界语协会的核心人物，并于 1948 年入选世界语研究院。他最知名的经历也许是让他的五个孩子从婴儿期就接触世界语。因此，他们拥有两种母语——世界语和英语。

美国语言学家、我的同事和好友本·伯根（Ben Bergen）博士近期进行了一项研究，探索世界语作为一种自然语言的发展历程。伯根调查了八位以世界语为母语的人，发现其语法在一些方面与标准（或最初的）世界语有出入，其中词序的变化尤为有趣。最初的世界语用语法格（case）标记句子的主语和宾语，因此词序是自由的，而其他语言则是通过固定的词序表达相同的信息。在现代英语中，语序较为固定。正如本书第三章所述，我们通过词语顺序说明谁对谁做了什么。例如，"thumb a lift"（搭便车）和"lift a thumb"（竖起大拇指）意义完全不同，因为"lift"和"thumb"这两个词的位置改变了。

但在英语中，情况并非总是如此。如我在第三章中简单介绍过的，在古英语中，词序要灵活得多。下面这句话摘自公元 754 年左右的《盎格鲁－撒克逊编年史》（Anglo-Saxon Chronicle）："Pa geascode he pone cyning"，逐字对应为"Then discovered he the king"（然后他发现了国王），其中动词"geascode"在主语"he"之前，宾语"pone cyning"在末尾。正如当代英语已失去格体系，形成了一种固定的词序（主语－动词－宾语）模式，伯根发现在以世界语为母语者当中也出现了相同的变化。

那么，表情包作为一种交际系统，与自然或人工语言的区别又是怎样的呢？由于表情包出自东京实验室软件工程师之手，后来经美国统一码联盟重新设计，供全球用户使用，所以它显然属于人工交际系统。

即便表情包作为人工交际系统，在某种程度上也非比寻常。如本书第一章简单提及，表情符号审核有标准可循（稍后详述），尽管如此，任何人都可以申请新的表情符号。从这个角度讲，表情包这一世界性的全球交际系统真正具有民主性。表情包的创建，依靠的并不是像托尔金那样拥有非凡语言功底和神话知识的人，也不需要像弗罗默教授创造纳美语那样的语言学专业知识，甚至都不需要像波兰柴门霍夫医生那样努力设计世界语。表情包越来越多地由人民创造，为人民创造,反映了文化的多样性、不同的价值观和多元文化的吸引力。为此,统一码联盟建立了一套制度,每份来自民间的单独或成套表情符号申请都会纳入评审。

包容性越来越多地成为表情符号评选过程的推动力,这可以通过一个实例说明。任何人都可以申请新的食物类表情符号。2015年,塔可贝尔连锁餐饮公司在Change.org网站上发起了一场请愿活动,征集了三万多个签名,在这场公关活动之后,一个新的表情符号——"墨西哥卷饼"诞生了。促使统一码联盟决定批准这个新表情符号的不是整场公关阵势,而是相关申请材料,详细阐明这款墨西哥卷饼表情符号如何满足潜在用户需求,填补大众饮食文化中的一个空白。正是出于同样的考虑,统一码联盟批准了饺子作为食物表情符号的申请。回想一下那位旧金山女商人,她成功发起活动,呼吁统一码联盟认真考虑饺子的表情符号。

这表明,在包容性这一关键点上,表情包不同于其他人工交际系统。虽然表情包具有明确的创立时间点,可追溯到20世纪90年代末的日本,但如今表情包成为一个动态系统,在管控下仍在以稳定的速度不断壮大。就创建食物表情符号而言,一位美国华裔女商人竟然与美国食品连锁巨头有着同样大的影响力。

词语的构成

任何一种交际系统,无论是英语这样的语言,还是表情包这样的代码，在表达能力方面，其有效性取决于所包含的"词汇量"。对于语言，"词汇量"指词语的数量；而对于表情包，"词汇量"指独立表情符号组成的一系列代码。所以问题来了，这些"词汇"来自哪里？

有些词语拥有悠久而辉煌的历史。英语单词"time"（时间）就存在了很久。该词最早以 tīd 的形式出现在入侵英格兰的盎格鲁-撒克逊人讲的古弗里西语，指"时代"或"时期"。如今，"time"（时间）、"tide"（潮流）、"tidings"（音信）等现代英语单词都由此而来。

有些词语渊源与众不同，植根于文学创作。我曾受托为一家网络快餐公司做一些音乐双关语的研究，该公司的特色广告是改编著名流行歌曲的歌词，换成与食物有关的词语。例如，著名乐队 Guns N' Roses 的歌曲 "Paradise City" 中的一句歌词变成了：Take me down to the jumbo prawn city, where the veg is green and the grills are sticky[①]（带我去大虾城吧，那里有青青的蔬菜和香香的烧烤）；而麦当娜经典名曲 "Like a Virgin" 变成了：Like a gherkin...Tried for the very first time[②]（宛如腌黄瓜……第一次上桌）。我开始调查"pun"（双关语）一词的起源。该词经考证的最早使用时间可能是在 1644 年左右，来源于 1641 年亚伯拉罕·考利（Abraham Cowley）的戏剧《守护者》（*The Guardian*）中一个角

---

① 原歌词为：Take me down to the paradise city, where the grass is green and the girls are pretty. 译为："带我去那天堂之城吧，那里有青青的草地和可爱的姑娘。"——译者
② 原歌词为：Like a virgin... Touched for the very first time. 译为："宛如处女……第一次动真情。"——译者

色的名字。在剧中,主人公普尼先生(Mr. Puny)以善于玩文字游戏而闻名。但"pun"这个词直到18世纪才开始被广泛使用,18世纪中期左右才开始出现在英语词典中。

有时单词似乎凭空出现。例如,"jaw"(下巴)这个英语单词似乎是在14世纪晚期突然出现。一种可能是源于古法语"jowe",意为"下颌骨"。另外,"conundrum"一词仿佛是在16世纪末一夜之间出现,起源未知。关于"conundrum"最早出现的记录,是1596年托马斯·纳什(Thomas Nashe)的一篇作品,用作学究的蔑称。从那时起,该词发展出"双关语"之意,后来意为"谜语",从18世纪开始,又发展出了如今的意义:"令人迷惑的难题"。可以说,"conundrum"令人迷惑的难题之意已无法追根溯源。这个词看似来自拉丁语,但实际上不是。《牛津大学英语词典》推测,该词可能源于大学里的一个笑话,也可能是根据某个拉丁语单词杜撰的双关词。

当今一些常用词甚至只有百年历史。"jazz"(爵士乐)是现代英语中最著名的没有任何背景故事的单词之一,被美国方言学会(American Dialect Society)称为20世纪新词,在20世纪初作为美国西海岸俚语出现。最早经考证的用法不是在音乐领域,而是体育。1912年4月2日,《洛杉矶时报》(*Los Angeles Times*)刊登了一篇文章,其中提到一位棒球投手:"亨德森昨天轻声嘟囔道,'今年我学会了一种新的曲线发球,明天我要去发一两个这种球。我把它称为Jazz ball,因为它来回摇摆,你对它无计可施'。"事实上,直至1915年在芝加哥,"jazz"所表现的那种激情澎湃才开始用到音乐中。

从此之后，该词才开始有关于音乐的历史。

然而，无论一个词是否有长长的背景故事，其创造总会受到多种因素影响。社会语言学家吉恩·艾奇逊（Jean Aitchison）教授指出了三种因素：一时风尚、外来影响和社会需求。词语因一时风尚而变。例如，"yuppie"（雅皮士）一词在20世纪80年代初被创造出来，是指接受过大学教育、住在城市且社会地位正在上升的一类年轻专业人才，由"young urban professional"（年轻都市专业人士）的首字母和"ie"构成，但如今，该词并不像以前那样用得广，已经"失宠"，被更时尚、在某些方面有所重叠的新词所取代，包括"hipster"（潮人）、"millennial"（千禧一代），以及"yuccie"——这是博主"大卫王子"（David Infante）近期新造的词，指"young urban creative"（城市创意青年）。与其说"yuppie"不复存在，不如说我们选择了新的方式来表达自我，强调新时代的职业和社会生活特点。

此外，风尚也可加固语言的根基。澳大利亚英语中非正式缩略词就是一个例证。尽管所有英语变体都使用缩略词，但在澳大利亚英语中，缩略词更为广泛，也更系统，常用缩略词超过5000个，在很多情况下都会取代原词。这促使一种新的缩略词构词法产生。这种构词法是指将一个单词缩短，并基于音位规则（phonological rule），加上a，o，ie或y等字母。有些缩略词——如"barbie"是"barbecue"（烧烤）的缩略词，"Aussie"是"Australian"（澳大利亚人）的缩略词，"lippy"是"lipstick"（口红）的缩略词，在澳大利亚以外的国家和地区也常用。但其他缩略词可能就没那么常见了，如"ambo"

是"ambulance"(救护车)的缩略词,"arvo"是"afternoon"(下午)的缩略词。地名乃至餐饮场所的缩写也很常见。例如,"McDonald's"(麦当劳)的缩写是"Macca's",经麦当劳澳大利亚分公司注册为商标。

英语词汇也有外来影响的迹象。法语和拉丁语在英语词汇中各占28%,另有25%来自日耳曼语、荷兰语或古诺尔斯语,约5%的词汇来自古希腊语,其他语言则所占比例较小。英语的全球影响力巨大,意味着它吸收了大量的外来词,表现出非凡的灵活性和适应性。评论员约翰·麦克沃特(John McWhorter)因此将英语称为"我们伟大的杂种语言"(our magnificent bastard tongue)。

例如,英语从荷兰语中借来了有关贸易和航海的词汇,如"skipper"(船长),有关绘画的外来词,如"easel"(画架)、"landscape"(风景画)和"still life"(静物画)。从西班牙语中借用了有关战争的词汇,包括"guerrilla"(游击队员)和"flotilla"(舰队)。从意大利语中借用了音乐类词汇,如"piano"(钢琴);建筑类词汇,如"balcony"(阳台);政治类词汇,如"fascism"(法西斯主义);甚至装饰类词汇,如"umbrella"(雨伞)①。从印度语中借来"bungalow"(平房)、"curry"(咖喱)、"jungle"(丛林)和"shampoo"(洗发水)等词。甚至还从澳大利亚侬密舍语(Guugu Yimithirr)中借用"kangaroo"(袋鼠)等词。另有许多外来词从阿拉伯语、美洲印第安语、意第绪

---

① 在英国雨伞是绅士们的标配。——译者

语，以及俄语和其他斯拉夫语而来，更有甚者来自遥远的日本，如"bonsai"（盆景）、"karaoke"（卡拉OK）、"samurai"（武士），当然还有"emoji"（表情符号）。

最后，新词的出现是用于填补新社会现象的空白。本书第三章提到了一些词，如"metrosexual"（都市美男）、"vape"（电子烟）、"selfie"（自拍）和"brexit"（英国脱欧），就很好地说明了这一点。"metrosexual"（都市美男）一词可追溯到20世纪90年代初，用于描述那些注重外表和时尚的新一代男士。2002年，《沙龙》杂志发表了一篇关于都市美男的文章，认为贝克汉姆就是一个佳例。

那么表情包怎么样？尽管新的表情符号需要申请，通常需要一年多的时间才能通过审核，但其背后的驱动因素主要还是社会需求。在这一点上，表情符号的创建就如同语言中新词的产生，要么是因为它们填补了表情符号家族中的空白，要么是因为它们能更好地让用户表达自我。但与语言中的新词不同，新的表情符号可能并不会只流行一时，而预期寿命较短的表情符号将无法通过审核。因此，风尚不是表情符号审批的标准之一。此外，作为一个全球性交际系统，原则上，每个人都可以通过"表情包申请系统"提交自己创造的表情符号。就像英语等"杂交语言"一样，表情符号来自世界各地。

表情包的构成

统一码联盟在审批表情符号申请时会考虑很多因素，包括兼容性、可预期的使用率、图像的独特性和完整性。让我们来依次了解一下。

由于特定表情符号在社交平台上的使用率很高，因此需要不断申请新的表情符号，以满足用户需求。在这种情况下，统一码联盟认为表情符号应该具备普遍适用性，以确保跨操作平台的兼容性。例如，2010年，统一码联盟推出"建筑工人"表情符号，纯粹因为它已在日本出现。

第二个因素与高使用率有关。必须要有证据表明所申请的表情符号在全球范围将具有较高的使用率，或者在特定用户群中会广泛使用。例如，2016年，柏林一名15岁穆斯林少年申请新款"头巾"表情符号，现已通过初审，进入候选名单，同时成了头条新闻。当时已有一系列宗教表情符号，但主要表现宗教场所，如教堂、清真寺和神社；也有麦加朝觐圣地立方体圣坛克尔白（Kaaba），代表犹太教的烛台，或天主教和希腊东正教的念珠。但还没有与宗教服饰相关的表情符号。申请书建议将头巾作为复合表情符号，可与人——尤其与女性头部相结合，是伊斯兰文化中女性佩戴的传统头饰。综上所述，它可能成为特定用户群体中使用率较高的表情符号。

虽然使用率是重要的审批标准，但统一码联盟对于使用率的数据来源十分谨慎。例如，为了申请"墨西哥卷饼"表情符号，塔可贝尔连锁餐饮公司在Change.org网站上发起请愿活动，集齐数量惊人的签名，总计近3.3万个，可尽管如此，统一码联盟在审批时对此不予考虑，认为那只不过是塔可贝尔公司大力宣传的结果，依此衡量的实际潜在使用量数据不可靠。

与使用率相关的一个因素决定表情符号是否具有一种以上的潜在用法;表情符号潜在意义越多,那么不言而喻,批准理由就越充分。例如,鲨鱼表情符号可代表鲨鱼这种动物,也可如前所述,隐喻性地指极具攻击性的人,就像那句老话:"我的律师像鲨鱼。"

当然,有些表情符号的意义令人始料未及。例如"晕头转向"表情符号——一副因旋转过度而看起来很不舒服或困惑的面容。在微软等一些平台上,眼睛呈螺旋状。但在苹果等其他平台,眼睛则是以"x"表示。

图 7-5　苹果和微软平台"晕头转向"的表情符号

用"x"表示眼睛,导致有些用户认为该表情符号是用于表达某种 X 级或成人的含义,尤其有关"性"。这是作为视觉符号的表情包可以发展出新意义的又一实例。由于表情符号是一种复杂的视觉象形符号,因此它们可充当视觉隐喻,让人联想到其他含义。

第三个因素与图像独特性有关。统一码联盟会认真分析一个表情符号能否充分且独具特色地激发我们大脑对实物的联想。例如,"一锅食物"表情符号,对于更具体的菜品类型(如汤品、炖菜等),不清楚是否有独特的图形表示。

此外,表情符号禁止以文字形式表现。虽然有些表情符号包含

表情包密码

类似文字的元素，如简单的词语（ OK ），但这些通常都是用蓝色背景的方框图像形式呈现。此外，表情符号必须尽可能是象形符号，而不是表意符号。两者的区别在于，象形符号与其代表的概念之间存在某种直观的联系。与此相反，表意符号是一种概念的抽象表达，约定俗成。因此，随意选取的符号（如 𝆑𝆑𝆑 ）不能作为表情符号。

尽管如此，已有广泛知名度的表意符号也可用作表情符号。"弹出"表情符号 🔺 就是一例。

另一个因素涉及完整性，评审以新表情符号能否填补某一类表情符号中的空白为标准。一个实例来自两性平等问题。一项研究显示，女性使用表情符号的人数超过男性，78%的女性经常使用表情符号，而男性的这一比例为60%。表情符号呈现样式存在性别失衡。美国女演员简·方达（Jane Fonda）对表情包的喜爱广为人知，但连她都公开抱怨，认为表情包存在性别比例失衡问题。

直到最近，才有"新娘""萨尔萨舞者"和"兔女郎"等女性专属表情符号，而男性的表情符号则更加严肃，涵盖从警察到军人等各种职业。2016年，随着33个现有表情符号引入男、女两性版本，这一问题才得到了纠正。现在跑步、理发，以及警察、士兵、接待等各行各业的表情符号都有男、女版本供用户选择。

这一不平等现象促使谷歌向统一码联盟提交了一份申请，提议进一步扩大表情符号代表的职业范围，提出11种新的职业表情符号，包括之前未区分性别差异的"科学家""厨师""毕业生"和"外科医生"表情符号，这些都经统一码联盟采纳，分为男性和女性版本。这一追求完整性的举措为人们在两性平等和基于性别的职业多样化选择方面提供了一个公平环境。

完整性的最后一个实例与民族和种族有关。起初，人物表情符号的默认颜色是黄色或橙色，但在 2015 年，统一码联盟增加了五种肤色，被称为表情符号"修饰符"。如今，除了性别供用户选择之外，表情符号还新增了五种肤色，以菲氏量表（Fitzpatrick scale）这一成熟的皮肤学分型法为基础，根据光线的反射程度对人类肤色进行分类，而不是种族。

此外，还有一些指导原则规定表情符号不能包含的内容。比如，表情符号中不能出现与商标或品牌相关的内容；禁止体现神灵或任何人（无论在世还是离世）。最后，为新表情符号选择的图像不能太具体，必须高度概括某类实体。例如，警车表情符号就是一个很好的例子。表情符号必须足够明确，以唤起人们对于"警车"这一实体的想象，但又不能太具体，因为全球各地的警车多种多样。

同理，表情符号也不能过于宽泛，无法与相关实体类别建立联系。例如，在大多数平台上，汽车表情符号主要样式以红色为侧面，不会特指具体车型——两厢、三厢（厢式轿车）、跑车、面包车等，也没有太宽泛，把货车、卡车等都包括在内。运货卡车、拖车以及消防车等其他各式专用车辆都有专门的表情符号。

表情包虽像是一种自然语言，也在不断扩充自身符号库，但在某些方面却又与自然语言截然不同。首先，从某种程度上说，它具有高度民主性，而这是自然语言所缺乏的。自然语言中的词汇由多种因素相互作用而产生。尽管任何一个人都可创造一个新词，但该词能否被公众接受取决于它能否成功地在一个特定的语言群体中传播。传播过程可能会由多数人促成，也可能由少数人推动，包括社会领袖、有影响力的文学大师、潮人、政治家、记者，以及如今社交媒体上的"网络红人"。

相比之下，如本书第二章讨论表情包犯罪时所述，表情符号标准制定者的影响可以说是有害无益。这与规范主义（prescriptivism）的问题有关，语法规范主义者可能会对他们所认为的语言持续退化现象感到恼火，但语言确实会随日常使用而变化和发展，构成我们的日常话语。相反，表情符号受两重限制，一是图像类型，二是语义范围——"禁止体现神灵"的基本原则就是一个很好的例证。这种影响力加之智能软件决定哪些表情符号可以问世，进而掌控我们的思想，在某种程度上过为已甚。

语言专家

有时，所谓的专家也会顾此失彼。对许多受过教育的人来说，传达和使用语言是一个感情问题。毕竟，语言不仅仅是联结我们的纽带，更是身份的象征，而一些心急火燎的"专家"似乎认为世界各地的语言正陷入衰败。比如，在墨尔本维多利亚大学（Victoria University）的一次公开演讲上，有位名叫迪安·弗伦克尔（Dean Frenkel）的人宣称，澳大利亚英语口音源于醉酒。弗伦克尔在澳大利亚报纸《时代》(The Age)上发文,进一步阐述了自己的观点,称"澳大利亚混杂的语音中掺入了酒精成分"。他进而写道:"我们的祖先经常在一起喝醉,周而复始,不知不觉地给我们的民族语言中加入了一些醉醺醺的连音……澳大利亚人说话时平均只动用了三分之二的力度,三分之一的口腔肌肉就像瘫倒在沙发上,处于静止状态;这严重影响了发音。"

这种观点完全是一派胡言——典型的澳式口音源于早期英国殖民地各种方言混合,包括来自不列颠和爱尔兰各地的囚犯,以及自由定居者。从中反映出一点:受过教育的人对语言和交流的新动向做出不明智的判断时,就会闹出笑话。

对表情包来说,也是如此。正如本书第四章所述,一些人认为表情包正在把我们带回黑暗的文盲时代,削弱我们的沟通能力。这个观点并不是特例。我在广播媒体上展示研究成果,经常被贤明之人告知,表情包确实是一种次等的交际形式。一些人还认为,表情包毫无疑问会导致人们拼写和阅读水平的下降,还可能真的会损害我们的沟通能力,甚至可能让我们变得更笨。这就像是在说,除非你是一名青少年或精神错乱了,否则一定要坚持使用合规的英语。

在讨论交际系统如何变化的一章中,我提出这种偏见的原因在于一种错误认知——认为语言标准和现状一成不变。相信各种标准都在下滑的偏颇态度见诸日常生活的许多方面。老年人抱怨年轻一代没有礼貌;中年人抱怨当下流行音乐的水准与他们年轻时相比大幅下降;我们身边常有陈词滥调,说政客一年比一年腐败,银行家变得越来越

表情包密码

贪婪等。在语言领域,认为语言将走向末路更是一个感情问题。这是因为语言不仅是一种交流方式,也是社会生活的基本元素,反映并塑造着社会生活。更重要的是,语言是一种身份确认行为,表明我们是谁,展现我们所处的文化,甚至是一种信号传递工具——无论我们是否愿意,也无关乎我们渴望成为谁。

每当我们开口说话时,无论是对陌生人、邻居、同事、爱人,还是对朋友,我们所要传递的远远超过了话语本身。我选择的词语、将它们串在一起的方式、手势、肢体语言、语音语调、口音,甚至我的嗓音,都是微妙而重要的参考点,他人以此对我进行识别、评价、标记、分类和判断。在交流过程中,这些言语和非言语模式的运用引导他人理解我是谁,对我及所有与之交互的人做出评价和认定。更重要的是,语言就像一种文化,历久弥新,联结人类共同的历史。

英国前教育大臣迈克尔·戈夫(Michael Gove)是一位杰出的政治家,后因成功推动英国脱欧进程而声名狼藉。早在2013年,他登上了头条新闻。英国教育系统等级森严,对其管理者,他引入了十条黄金法则,主要作为电子邮件等书面交际形式的指导意见。例如,第六条法则规定:通过阅读文学大师的作品提高写作水平,如乔治·奥威尔和伊夫林·沃,简·奥斯汀和乔治·艾略特,马修·帕里斯和克里斯托弗·希钦斯。

虽然阅读文学名著无疑是件好事,但我们真的想要以简·奥斯汀或乔治·艾略特那样的风格去交流吗?想必不是。奥斯汀那彬彬有礼的书信体不仅过时了,而且会让人觉得有点傻。而已故的逆行者克里斯托弗·希钦斯,尽管在文学上才华横溢,但其风格并非受到所有人的青睐,他的一些观点确实非常奇怪。

具有讽刺意味的是,那些建议别人如何说话和写作的人往往不遵守自己的规则。几年后,戈夫又来了。这一次,他作为英国司法大臣,向公务员发布语法规范指南,罗列惹他心烦的语法问题。其中一些规定包括禁止语句以"however"(然而)开头,避免使用缩略语[用"do not"(不要),而不用"don't"]。然而,很多报道证实戈夫在自己的文稿中(戈夫以前是《泰晤士报》的一名记者)有大量以"however"开头的句子,我刚刚就用它作为本句开头,以表敬意。正如一位评论员所说:"答句很难不以'however'开头。"

事实上,就连温斯顿·丘吉尔爵士(1953年诺贝尔文学奖获得者)这样的文学大师都意识到,对英语用法规范要求过于苛刻,百害而无一利。众所周知,丘吉尔为自己的华丽文体而自豪,他喜欢用介词来结束一句话。有一时,语法指导书强烈禁止这种肆意妄为的做法。根据《美国传统英语用法手册》(*American Heritage Book of English Usage*),一名编辑见丘吉尔犯了如此大意的错误,便直接调整了他的词序,结果引来丘吉尔幽默而犀利的批评。据传,丘吉尔潦草写道:This is the sort of English up with which I will not put. (我很难容忍此种英语表达。)①

1770年,第一本优良的英语用法指南问世。从此,这类书一直

---

① 这句话通常的表达方式是:This is the sort of English I will not put up with.——译者

以语言的规范用法为核心，认为在深层意义上，有些标准颠扑不破。但事实并非如此。在日常交流中，受使用压力所迫，语言自然会发生变化。语言、语法和词语都在不断变化。变化在所难免，是无法改变的现实，不以人的意志为转移。语言也会因我们的需求而变。正如上文所述，随着新发明、新思想和新生活方式的出现，新词也应运而生。然而，一些评论人士却渴望看到昔日黄金时代下的语言用法，仿佛语言的变化是一件坏事。

语言裁判中，最著名的也许要数法兰西学术院了。该机构自诩为"不朽"，在语言各个方面都建立了一套规则，力求保持法语的纯正，但即便从广义上去看，结果也是喜忧参半。如"les happy few"和"je suis destroy"这样在巴黎街头随处可见的英文入侵现象，想必会让莫里哀在黄泉之下都难安宁。不过，本章已指出，包括语言在内的所有交际系统都在发展和变化。随着新媒体的出现，我们需要新的交际系统来更好地发挥它们的传播潜力。这正是表情包的意义所在。其不可阻挡的流行势头并不是因为20多亿人都是哑巴。表情包的成功恰恰是因为人类作为一个物种，有沟通的本能，而在数字时代，悲观和哀怨者覆是为非。表情包促进并增强了人与人之间的交际智慧，我们应为之庆幸。

结语：交流的未来

众所周知，未来极难预测，例如，在经典科幻电影《银翼杀手》（*Blade Runner*）一个场景中，哈里森·福特（Harrison Ford）扮演的主角德卡德在酒吧里给心上人瑞秋打电话，邀请她过来喝一杯。影片中，未来的洛杉矶有了外星殖民地、电子生化人（或他们所称的"复制人"）和气垫车，而德卡德还在用墙上的有线电话拨号。对于1982年的电影来说，手机的发明显然遥不可测。

在预测人类交流的未来时，情况变得更加复杂。从技术创新的角度来看，我们生活在一个数字时代：技术正在改变我们与他人交流、与世界互动的方式。与此同时，一度只属于科幻小说范畴的技术，如今也成为现实。例如，2002年的电影《少数派报告》（*Minority Report*）中汤姆·克鲁斯（Tom Cruise）扮演的角色约翰·安德顿（John Anderton）就戴着一双数据手套，戴上它就能用手势操作复杂的系统界面。《银翼杀手》和《少数派报告》都改编自菲利普·K.迪克（Philip K. Dick）的短篇小说。但在21世纪，随着iPad和iPhone的触控、拖取和滑动功能开始引领潮流，计算机触控技术现已成为时尚。在电脑游戏方面，2006年的Wii游戏机和后来的微软Kinect游戏机都开发出了相似的人机交互技术，通过体感控制虚拟角色和动作。诸如此类的设备无疑只是未来的序幕。

麻省理工学院计算机科学家约翰·昂德科夫勒（John Underkoffler）在 2010 年的 TED 演讲中预测，如电影《少数派报告》所演，计算机虚拟触控技术就是人机交互的未来；截至本书成稿时，他正在主持沉浸式虚拟现实人机界面环境的开发工作，旨在完美呈现科幻小说中完全智能化的手势操作系统。

也许一个更令人兴奋的研究领域是所谓的脑机接口（brain-computer interface）技术，从长远来看，这项技术将改变我们与计算机互动的方式。在 1995 年的一部网络朋克派[①]（cyber punk）惊悚动作片《捍卫机密》（*Johnny Mnemonic*）中，由基努·里维斯（Keanu Reeves）饰演的主角的大脑里安了一个智能芯片，可存取信息。该片由威廉·吉布森（William Gibson）的短篇小说改编而成。当今脑机接口研究涉及一个相关概念：大脑利用电信号（一种电码）来传输和处理信息。例如，眼睛和耳朵接收到光和声音等感官信息，而后经大脑转换成自身可处理的神经电脉冲。脑机接口研究也遵循同样的原理，认为大脑依靠电信号运行，假设这些电信号可被准确读取，那么这些电信号应该能让我们直接通过大脑传输电脉冲与外部设备进行通信。例如，我们可利用大脑信号控制手臂和手，那么至少在理论上，也就能直接用大脑信号控制机械臂拿起一杯咖啡。

此类研究正在进行中。在计算机软件的帮助下，智能假肢为截肢

---

① 网络朋克（cyber punk），一种基于计算机前沿技术的科幻小说类型。——译者

者带来福音，通过解译脑电信号，用想法控制肢体动作。在美国国防部高级研究计划局（DARPA）开展的一项研究中，"仿生"假肢和大脑之间进行电子通信，使受试者的截肢部位产生了"体感"。这项技术的工作原理是利用仿生肢体上的微处理器来"完成"脑神经回路。除了这些专业研究的应用场景外，人工耳蜗是目前使用该技术最广泛的载体，能让听力障碍者重新听到声音，工作原理是让大脑信号与人工耳蜗进行通信，从而解决了耳朵受损部位的问题。未来，通过在大脑中植入电子芯片，利用想法的力量，我们就能与各种各样的设备通信，并操控它们。

在人际交流方面，一些最早的关于移动或虚拟通信的预测已成现实。在 20 世纪 70 年代的《星际迷航》（Star Trek）的最初几集里，柯克舰长（Captain Kirk）和史波克先生使用的手持通信设备，本质上是带蓝牙耳机的免提移动装置。然而，当今手机确实需要依赖地球轨道卫星，通信范围并不包括星际传输，但仅仅是目前而已。

如今，摄像头是电脑和智能手机的标配，能让我们实时看到对方——FaceTime 和 Skype 等手机应用就是很好的例子。下一步可能就是所谓的"远程临场机器人"（telepresence robot）。这是一种装有摄像头和扬声器的可移动装置，支持远程操控，投射对方的声音和图像。在远端的人不仅可通过远程摄像头看到周围的人，还能与之聊天互动。远程临场机器人显然可用于电话会议，也能让使用者对房地产、新厂房、建筑工地等特定地点进行"远程"参观。虽然今天的远程临场机器人造价很高，但随着技术的进步，成本可能会下降，系

表情包密码

统也会改进。

通信领域蓬勃发展,背后受所谓的棘轮效应[①](ratchet effect)驱动。这是指文化提供了一个由共享知识(shared knowledge)、系统、行为和实践组成的复杂网络,意味着出生在一个特定的文化中,共享知识不是我们必须学习的新知识。相反,借用牛顿的话,我们站在前辈们的肩膀上,是为了建立和进一步发展我们的知识库,包括技术进步。每一代人都是在上一代人的基础上发展壮大。因此,先进技术问世所需的时间越来越短,但这也增加了产生更先进技术的复杂性。

为了说明这一点,让我们快速回顾 20 世纪一些主要的技术发展。20 世纪初,飞机、汽车和无线电技术尚处萌芽阶段,而到了 20 世纪末,空间站、计算机、移动电话出现;1997 年无线网络问世。21 世纪伊始,移动互联网技术发展,即所谓的第三代或"3G"无线移动通信技术。目前,"4G"和更高级别的网络技术已成熟,成为我们生活的常态。

通信技术将继续改变交流场景和交流机会,却不太可能改变交流的本质。这是因为交流是人类 200 多万年来形成的一种深入而强大的合作本能。

在之前写的《语言的熔炉》(The Crucible of Language)一

---

① 棘轮效应是指人的消费习惯形成之后有不可逆性,即易于向上调整,而难于向下调整。——译者

结语：交流的未来

书中，我提出智人是合作的生物。从进化的角度来看，交流先于语言出现；虽然只有人类才有语言，但有意识的交流并不是为我们人类所独有。

例如，工蜂返巢时，会通过复杂的摇摆舞向其他工蜂传达食物来源的方向和距离。在 20 世纪早期的开创性研究中，卡尔·冯·弗里施（Karl von Frisch）将这种摇摆舞称为"Tanzsprache"，即"舞蹈语言"。从环尾狐猴到白脸卷尾猴，从坎氏长尾猴到戴安娜猴等各种猴类在面临危险时都有一些基本的沟通方式。

即使是相对简单的交际系统，其背后也离不开由进化产生的合作智慧，这在许多物种中都得到了验证。在任何群居物种中，都体现出与交互相关的行为规范和模式。作为群体的一部分，为了更好地发挥自身作用，个体成员需要有能力与其他成员进行接触并互动，从而形成简单的交际系统，尤其是要满足普遍的个体基本需求，如觅食、避险和寻求繁殖机会。

人类祖先生态位[①]的变化增强了其生活合作模式，约 180 万年前，出现了一种在认知上更为复杂的人类祖先——直立人（Homo erectus）。直立人从类人猿的互动智慧进化出一种更复杂的思维方式，形成了一种新的交互智慧——合作智慧。黑猩猩 98% 的 DNA 与我们的相同，也明白同伴和自己有一样的感受，但它们的生活方式

---

① 生态位（ecological niche）是指每个个体或种群在种群或群落中的时空位置及功能关系。——译者

主要还是以个体为主，而不完全是合作。相比之下，我们人类天生就具有合作精神，团结合作的成就远远超过单独行动所能取得的成果。

合作智慧的特点可总结为心理学家迈克尔·托马塞洛（Michael Tomasello）所称的"联合意向"（joint intentionality）或"共享意向"（shared intentionality）。人类智慧的标志在于知道他人和自己一样有想法、感受和愿望。此外，我们利用或试图影响他人的想法、感受和愿望，以便合作实现共同的目标。语言等交际系统就是为此目的演变而来。

所有这些都让我们回到了表情包这一主题上。结合本书各项探讨，即可凝聚成我要表达的论点。技术并没有改变人类为合作而迸发的交流本能，也没有改变我在本书第二章中讨论过的交际系统基础性原则。相反，技术为交流提供了新的载体、机会和渠道。

但在某些方面，至少在起初，这些渠道可能会被削弱，影响现有交际系统。正如本书所述，面对面的口语交际具有多模式性。这是一种完全浸入式的体验，参与者使用语言、副语言、身势语言和视觉交际系统等各种模式进行交流，不同的眼神和语韵表达社会意义不同的层面，充实语言意义。

相比之下，短信体在多模式表达方面就显得较为贫乏。这就是表情包的价值所在，使数字化通信开始具有类似面对面交互中的一些非言语线索特点。这并不是说表情包代表了交流上的一个重大变化，更确切地说，表情包为填补交际新渠道（数字化渠道）中的空白跨出了坚实的一步。没有表情包，交际信息就失去全面性，鉴于短信体是一种视觉表达方式，所以图像形式有助于提供一些副语言和身势语言线索。在数字时代，表情包为适合特定意图的多模式交际系统提供了一个起点，我们可以预测表情包将如何发展。在短期内，类似动画角色贴图的表情符号可作为多模式线索的一种形式增强短信体的表达力。面部表情和手势是我们个性的一部分，在表情包中，让我们无所畏惧地尽情发挥吧！

无论表情包接下来如何发展，背后的驱动因素一定是合作智慧，它让我们具有无与伦比的沟通能力。在 21 世纪通信技术快速发展的时代，表情包让我们成为更高效的沟通者。表情包万岁！

主要参考文献

第一章

Evans, V. 2015. The Crucible of Language. Cambridge University Press.

Maddison, A. 2001. The World Economy: A Millennial Perspective. Development Centre of the Organization for Economic Co-Operation and Development (OECD).

Taagepera, R. 1997. Expansion and contraction patterns of large polities: Context for Russia. International Studies Quarterly, 41/3: 502.

第二章

Clark, H. 1996. Using Language. Cambridge University Press.

Evans, V. 2014. The Language Myth. Cambridge University Press.

Evans, V. 2015. The Crucible of Language. Cambridge University Press.

Everett, D. 2012. Language: The Cultural Tool. Profile Books.

Goldin-Meadow, S. 2005. Hearing Gestures. Harvard University Press.

Grice, H. P. 1975. Logic and Conversation. In P. Cole and J. Morgan (Eds.), Syntax and Semantics, vol.3 (pp. 41–58). Academic Press.

Harder, P. 2010. Meaning in Mind and Society. Mouton de Gruyter.

Kress, G. 2010. Multimodality: A Social Semiotic Approach to Contemporary Communication. Routledge.

Lakoff, G. and M. Johnson. 1980. Metaphors We Live By. University of Chicago Press.

Levinson, S. 1983. Pragmatics (p. 55). Cambridge University Press.

Nagel, T. 1986. The View from Nowhere. Oxford University Press.

Poulton, E. 1890. The Colors of Animals (pp. 21). Kegan Paul, Trench and Treubner.

Reddy, M. 1979. The Conduit Metaphor: A Case of Frame Conflict in our Language about Language. In Andrew Ortony (Ed.), Metaphor and Thought (pp. 284–324). Cambridge University Press.

Searle, J. 1969. Speech Acts. Cambridge University Press.

Strawson, P. F. 1971. Logico-linguistic Papers. Methuen.

第三章

Crystal, D. 2003. The Cambridge Encyclopedia of the English Language. Cambridge University Press.

Crystal, D. and B. Crystal. 2005. The Shakespeare Miscellany. Penguin.

Efron, B. and R. Thisted. 1976. Estimating the number of unseen species: How many words did Shakespeare know? Biometrika, 63: 435–447.

Evans, V. 2014. The Language Myth. Cambridge University Press.

Fry, S. 2005. The Ode Less Travelled. Arrow.

Lakoff, G. and M. Johnson. 1980. Metaphors We Live By. Chicago University Press.

Lakoff, G. and M. Johnson. 1999. Philosophy in the Flesh. Basic Books.

Spevack, M. 1974. The Harvard Concordance to Shakespeare. Belknap Press.

W. Barnett Pearce. 1989. Communication and the Human Condition (p. 51). Southern Illinois University Press.

第四章

Argyle, M. 1967. The Psychology of Interpersonal Behaviour. Penguin.

Argyle, M. 1975. Bodily Behaviour. Methuen.

Argyle, M. 1988. Bodily Communication (2nd ed.). International Universities Press.

Argyle, M. and M. Cook. 1976. Gaze and Mutual Gaze. Cambridge University Press.

Argyle, M., V. Salter, H. Nicholson, M. Williams and P. Burgess. 1970. The communication of inferior and superior attitudes by verbal and nonverbal signals. British Journal of Social and Clinical Psychology, 9: 222–231.

Birdwhistell, R. 1970. Kinesics and Context: Essays on Body Motion Communication. University of Pennsylvania Press.

Birdwhistell, R. 1974. The language of the body: The natural environment of words. In A. Silverstein (Ed.), Human communication (pp. 203–220). Erlbaum.

Brown, P. and S. Levinson. 1987. Politeness. Cambridge University Press.

Byron, K. 2008. Carrying Too Heavy a Load. Academy of Management Review, 33/2: 309–327.

Casasanto, D. 2013. Gesture and language processing. In H. Pashler, T. Crane, M. Kinsbourne, F. Ferreira and R. Zemel (Eds.), Encyclopedia of the Mind (pp. 372–374). Sage Publications.

Casasanto, D. 2013. Gesture. In H. Pashler (Ed.), Encyclopedia of the Mind (vol. 1). Sage Publications.

Chaplin, W., J. Phillips, J. Brown, N. Clanton and J. Stein. 2000. Handshaking, gender, personality, and first impressions. Journal of Personal Social Psychology, 79/1:110–117.

Cienki, A. 2015. Image schemas and mimetic schemas in cognitive linguistics and gesture studies. In M. Pinar Sanz (Ed.), Multimodality and Cognitive Linguistics (pp. 417–432). John Benjamins.

De Paulo, B. and R. Rosenthal. 1979. Telling lies. Journal of Personality and Social Psychology, 37/10: 1713–1722.

Dews, S. and E. Winner. 1995. Muting the meaning: A social function of irony. Metaphor and Symbolic Activity, 10, 3–19.

Ekman, P. 2003. Emotions Revealed: Recognizing Faces and Feelings to Improve Communication and Emotional Life. Weidenfeld and Nicolson.

Ekman, P. 2004. Emotional and conversational nonverbal signals. In J. Larrazabal and L. Peréz Miranda (Eds.), Language, Knowledge and Representation (pp. 39–50). Kluwer.

Ekman, P. and W. Friesen. 1969. The repertoire of nonverbal behavior: Categories, origins, usage, and coding. Semiotica, 1: 49–98.

Evans, V. 2010. The perceptual basis of spatial representation. In V. Evans and P. Chilton (Eds.), Language, Cognition and Space: The State of the Art and New Directions (pp. 21–48). Equinox Publishing.

Filik, R., A. Țurcan, D. Thompson, N. Harvey, H. Davies and A. Turner. 2016. Sarcasm and emoticons: Comprehension and emotional impact. The Quarterly Journal of Experimental Psychology, 69/11. http://dx.doi.org/10.1080/17470218.2015.1106566.

Freidman, H. 1978. The relative strength of verbal versus nonverbal cues. Personality and Social Psychology Bulletin, 4: 147–150.

Frieder, R., C. Van Iddekinge and P. Raymark. 2015. How quickly do interviewers reach decisions? An examination of interviewers' decision making time across applicants. Journal of Occupational and Organizational Psychology, 89: 223–248.

Goleman, D. 1998. Working with Emotional Intelligence. Bloomsbury.

Kendon A. 1967. Some functions of gaze-direction in social interaction. Acta Psychologica, 26:22–63;

Kralj Novak P., J. Smailović, B. Sluban and I. Mozetič. 2015. Sentiment of Emojis. PLOS ONE 10/12: e0144296.

Kraut, R. 1978. Verbal and nonverbal cues in the perception of lying. Journal of Personality and Social Psychology, 36/4: 380–391.

Kreuz, R. J. and S. Glucksberg, S. 1989. How to be sarcastic: The echoic reminder theory of verbal irony. Journal of Experimental Psychology: General, 118: 374–386.

Leite, W., M. Svinicki and Y. Shi. 2009. Attempted validation of the Scores of the VARK: Learning styles inventory with multitrait-multimethod confirmatory factor analysis models. Educational and Psychological Measurement, 70: 2323–2339.

Matsumoto, D., M. Frank and H.S. Hwang. 2013. Nonverbal Communication: Science and Applications. Sage Publications.

McDermott, R. 1980. Profile: Ray L. Birdwhistell. The Kinesics Report, 2/3: 1–16.

McNeill, D. 2005. Gesture and Thought. University of Chicago Press.

Mehrabian, A. 1971. Silent Messages. Wadsworth.

Mehrabian, A. 2007. Nonverbal Communication. Haldine.

Mehrabian, A. and M. Wiener. 1967. Decoding of inconsistent communications. Journal of Personality and Social Psychology. 6/1: 109–114.

Mehrabian, A. and S. Ferris. 1967. Inference of attitudes from nonverbal communication in two channels. Journal of Consulting Psychology. 31/3: 248–252.

Mesko, P., A. Eliades, C. Christ-Libertin and D. Shelestak. 2011. Use of picture communication aids to assess pain location in pediatric postoperative patients. Journal of Perianesthesia Nursing, 26/6: 395–404.

Noller P. 1980. Gaze in married couples. Journal of Nonverbal Behavior, 5/2: 115–129.

Padula, A. 2009. Kinesics. In S. Littlejohn and K. Foss (Eds.), Encyclopedia of communication theory (pp. 582–584). Sage Publications.

Sacks, H., E. Schegloff and G. Jefferson. 1974. A simplest systematics for the organization of turn-taking for conversation. Language, 50: 696–735.

Thompson, D., G. Mackenzie, H. Leuthold and R. Filik. 2016. Emotional responses to irony and emoticons in written language: Evidence from EDA and facial EMG. Psychophysiology. 53/7:1054–1062.

Trager, G. 1958. Paralanguage: A first approximation. Studies in Linguistics, 13: 1–12.

Trager, G. 1961. The typology of paralanguage. Anthropological Linguistics, 3/1: 17–21.

Willis, J. and A. Todorov. 2006. First impressions: Making up your mind after 100ms exposure to a face. Psychological Science, 17/1: 592–598.

第五章

Ambrose B. 1912. For Brevity and Clarity. The Collected Works of Ambrose Bierce, XI: Antepenultimata, (pp. 386–387). The Neale Publishing Company.

Burke, C., E. Kindel and S. Walker. 2014. Isotype: design and contexts, 1925–1971. Hyphen Press.

Evans, V. 2015. The Crucible of Language. Cambridge University Press.

Evans, V. 2016. The brave new world of emoji. Cambridge Extra. 15 July. http://cup.linguistlist.org/ academic-books/ historical-linguistics/the-brave-new-world-of-emoji-why-and-how-has-emoji-taken-theworldby-storm.

Gardiner, Sir A. H. 1957. Egyptian Grammar. Oxford University Press.

Glassner, J. J. 2003. The Invention of Cuneiform. Johns Hopkins University Press.

Houston, K. 2014. Shady Characters. Penguin.

Krebs, R. and C. Krebs. 2003. Groundbreaking Scientific Experiments, Inventions, and Discoveries of the Ancient World. Greenwood Publishing Group.

Labov, W. 2006. The Social Stratification of English in New York City (2nd ed.). Cambridge University Press.

Lent, J. 2001. Illustrating Asia. University of Hawaii Press.

Puck, 30 March 1881, no. 212, p.65.

Reader's Digest, May 1967.

Roger, H. 2004. Writing Systems. Blackwell.

Schnoebelen, T. 2012. Do you smile with your nose? Stylistic variation in Twitter emoticons. University of Pennsylvania Working Papers in Linguistics, 18/14. Available at: http://repository.upenn.edu/pwpl/vol18/iss2/14.

Taylor, I. 1980. The Korean Writing System. In P.A. Kolerers et al. (Eds.), Processing of

Visible Language. Plenum Press.

The Harvard Lampoon. 1936. Vol. 112 No. 1, 16 September, pp.30–31.

Trudgill, P. 1972. Sex, covert prestige and linguistic change in the urban British English of Norwich. Language in Society. 1/2: 175–195.

第六章

Cohn, N. 2013. The Visual Language of Comics. Bloomsbury.

Colavita, F. B. 1974. Human sensory dominance. Perception & Psychophysics, 16/2: 409–412.

Damasio, A. 1995. Descartes' Error. Picador.

Damasio, A. 1999. The Feeling of What Happens: Body and Emotion in the Making of Consciousness. Harcourt.

Deja, A. 2015. The Nine Old Men: Lessons, Techniques, and Inspiration from Disney's Great Animators. Focal Press.

Díaz-Vera, J. 2013. Woven emotions: Visual representations of emotions in medieval English textiles. Review of Cognitive Linguistics, 11/2: 269–284.

Evans, V. 2010. The perceptual basis of spatial representation. In V. Evans and P. Chilton (Eds.), Language, Cognition and Space: The State of the Art and New Directions (pp. 21–48). Equinox Publishing.

Evans, V. 2015. The Crucible of Language. Cambridge University Press.

Fixot, R. 1957. American Journal of Ophthalmology, vol. Aug.

Forceville, C. 2005. Visual representations of the idealized cognitive model of anger in the Asterix album La Zizanie. Journal of Pragmatics, 37: 69–88.

Forceville, C. 2011. Pictorial runes in Tintin and the Picaros. Journal of Pragmatics, 43: 875–890.

Forceville, C. and E. Urios-Aparisi. 2009. Multimodal Metaphor. Mouton de Gruyter.

Garrod, J. and P. Schyns. 2014. Dynamic facial expressions of emotion transmit an evolving hierarchy of signals over time. Current Biology, 24/2: 187–192.

Gombrich, E. H. 1999. The Uses of Images: Studies in the Social Function of Art and Visual Communication. Phaidon Press.

Hebb, D. 1949. The Organization of Behavior. Wiley and Sons.

Jensen, E. 2008. Brain-Based Learning (2nd ed.). Corwin.

Kövecses, Z. 2000. Metaphor and Emotion. Cambridge University Press.

Kövecses, Z. 2005. Metaphor in Culture. Cambridge University Press.

Lakoff, G., and M. Johnson. 1999. Philosophy in the Flesh. Basic Books.

Lee, N. 2014. Facebook Nation (2nd ed.). Springer.

Liu, H., Y. Agam, J. Madsen and G. Kreiman. 2009. Timing, timing, timing: Fast decoding of object information from intracranial field potentials in human visual cortex. Neuron, 02.025.

McCloud, S. 1993. Understanding Comics. Kitchen Sink Press.

McGurk, H. and J. MacDonald. 1976. Hearing lips and seeing voices. Nature, 264: 746–748.

Medina, J. 2014. Brain Rules. Pear Press.

Plutchik, R. 1980. A general psycho evolutionary theory of emotion. In R. Plutchik and H. Kellerman (Eds.), Emotion: Theory, Research, and Experience: Vol. 1. Theories of Emotion (pp. 3–33). Academic Press.

Posner, M., M. Nissen and M. Klein. 1976. Visual dominance: An information processing account of its origins and significance. Psychological Review, 83/2: 157–171.

Ramon, M., S. Caharel and S. Rossion. 2011. The speed of recognition of personally familiar faces. Perception, 40/4:437–449.

Shaver, P., J. Schwartz, D. Kirson and C. O'Connor. 2001. Emotional Knowledge: Further Exploration of a Prototype Approach. In G. Parrott (Eds.), Emotions in Social Psychology: Essential Readings (pp. 26–56). Psychology Press.

Stefanowitsch, A. 2006. Corpus-based approaches to metaphor and metonymy. In A. Stefanowitsch and S. Th. Gries (Eds.), Corpus-based Approaches to Metaphor and Metonymy (pp. 1–16). Mouton de Gruyter.

第七章

Ælfric's Colloquy (ed. G. N. Garmonsway). 1938. Methuen.

Bergen, B. 2001. Nativization processes in L1 Esperanto. Journal of Child Language, 28/3: 575–595.

Corsetti, R. 1996. A mother tongue spoken mainly by fathers. Language Problems and Language Planning, 87/4: 63–64.

Corsetti, R. 1996. A mother tongue spoken mainly by fathers. Language Problems and Language Planning, 20/3: 263–273.

Evans, V. 2015. The Crucible of Language. Cambridge University Press.

Everett, D. 2005. Cultural constraints on grammar and cognition in Pirahã. Current Anthropology, 46/4: 621–646.

Lindstedt, J. 1996. Native Esperanto as a test case for natural language. SKY Journal of Linguistics, 19:47–55.

Miller, H., J. Thebault-Spieker, S. Chang, I. Johnson, L. Terveen and B. Hecht. 2016. "Blissfully happy" or "ready to fight": Varying Interpretations of Emoji. Proceedings of ICWSM 2016. Menlo Park, CA: AAAI Press.

Trudgill, P. 2001. The sociolinguistics of RP. Sociolinguistic Variation and Change (chapter 16). Edinburgh University Press.

结语

Evans. V. 2015. The Crucible of Language. Cambridge University Press.

Fichtel, C., S. Perry and J. Gros-Louis. 2005. Alarm calls of white-faced capuchin monkeys: An acoustic analysis. Animal Behavior, 70: 165–176.

Ouattara K., A. Lemasson and K. Zuberbühler. 2009. Campbell's monkeys use affixation to alter call meaning. PLOS ONE 4/11: e7808.

Tomasello, M. 2014. A Natural History of Human Thinking. Harvard University Press.

Von Frisch, K. 1953. The Dancing Bees. Harvest Books.

Zuberbühler, K., D. Jenny and R. Bshary. 1999. The predator deterrence function of primate alarm calls. Ethology, 105: 477–490.

致　谢

想法并不会凭空迸发。多年来，在理解语言学和沟通艺术这件事上，我获得了许多人的帮助，特别是以下我将要提到的，我欠他们一句谢谢。感谢那些邀请我主持相关研究的公司和机构，使我得到了一次在表情包——作为电子通信工具——这一新兴领域开展研究工作、发表研究论文的机会。这些公司包括：TalkTalk 移动公司、巴克莱银行、英国 O2 移动网络运营商（O2 Business）、和路雪冰激凌（Wall's Ice Cream）；以及以下媒体机构：Babel、剑桥大学出版社、21 世纪（21st Century）、对话（The Conversation）、《卫报》社、新闻周刊（Newsweek）、Lobby、牛津大学出版社和今日心理学（Psychology Today）。感谢我的版权代理人，唐纳德·温切斯特（Donald Winchester）对本书的肯定，感谢他的耐心、忠告以及对我的不懈支持。我还要感谢出版商的信任，美国的麦克米伦 Picador 出版社（Macmillan Picador）和英国的迈克尔·奥马拉图书公司（Michael O'Mara Books）；感谢我的编辑安娜·德弗里斯（Anna DeVries，美国）和菲奥娜·斯莱特（Fiona Slater，英国）。特别是菲奥娜——多亏了她的辛勤工作和深思熟虑后给我的反馈，这本书比一开始要好得多；如果没有她，我可能不会做出一些新的尝试。同时感谢所有的表情包爱好者，提供了如此多的资源，本书的很多灵感均取自于此。特别是杰里米·伯奇（Jeremy Burge）的杰出工作。杰里米创建并运营网站emojipedia.org，它是世界上最重要的表情包资源站点；他成就众多，包括为我们设立世界表情包日（World Emoji Day）。最后，也是最重要的，深深地感激我的缪斯女神——我的妻子莫妮卡（Monica）。

译后记
数字时代的沟通——"共情"的力量

沟通使人类有能力共享认知资源，而这是其他动物做不到的。人类的沟通还体现在自身的进化路径上——以社会或者文化的传播为基础的生物进化机制，速度要比其他动物的有机进化机制快得多。人类个体有着把同物种成员理解为与自己相同的生命个体的能力，这些都是人类有效交流、高效合作的基础。

开始翻译本书之前，我从未想过每天要用的表情包，它的前世今生、社会价值、时代价值等问题。在翻译完这本书之后，我尝试在一周的"线上"沟通中不使用表情包，发现在一些时候会很别扭，可能是一种不习惯，但更多的，是因为不使用表情包便无法充分表情达意，纯文本内容显得很僵硬，缺少感情色彩。

表情包是数字科技快速发展时代下的产物，而我们想要适应这个时代，有必要去了解甚至深刻认识它。那么表情包存在的重要意义到底是什么？我们又该如何更好地使用它呢？

表情包的重要性不在于其自身，而是在于它适应了这个时代。人类社会正在进入一个由网络空间主导现实空间的新的时代，"地球村"也由于全球开放的网络空间而真正成为现实。毫无疑问，以互联网、大数据、人工智能等为代表的新一代数字科技正在重构人类世界。这

表情包密码

从人们每天在"线上"的时间,从现实中的各个场景在互联网上被"复刻"中可见端倪。

当今,人类有着能够实时传递信息内容的各类应用软件,但更需要一个可以有效传递"情感"的载体。人与人之间的交流,一方面传递"事实信息",另一方面更要传递"人的情感",只有二者兼备,才是真正的交流。

从正向看,当今社会,人类比以往任何时候都更需要合作。人类社会一面朝着更加精细化的方向发展,比如在一个研究方向上的更专、更深,纳米技术的不断深入研究就是一例;另一面又朝着高度集成的方向发展,比如我们使用的智能手机,苹果手机的一级供应商来自11个国家,二级、三级供应商数量更是呈倍数级增长。精细化让单一器件的性能更好,这为高度集成打下了坚实基础,高度集成的产品能更好地服务人类。各项元器件的高度集成需要各行各业的人大量的交流合作,合作是人类不断进化的一种高度智慧。

从反向看,人类也比以往任何时候都需要去减少冲突,如国家之间、文明之间、人与人之间的各类冲突。而要做到此,最需要的就是增进了解,相互理解。如何做到相互理解?这就需要良好的甚至可以说是恰如其分的沟通,想他人所想,感他人所感。要做到这些,并非易事。随着人类进入数字时代,见面交流逐渐被基于各种社交平台的即时交流所取代,如何在数字时代成为更高效的沟通者,这是一个学术话题,亦是一个我们每个人都绕不开、必须要去面对的现实话题。

越来越多的"线上"沟通使得面对面的交流次数越来越少,这意味着沟通也随着人类社会的发展而进入了新的阶段。面对面的交流是完全浸入式、多模式的，交流模式包括语言、副语言、肢体语言和视觉系统。一个眼神、一个语音语调的变化都会在特定场景下表达出多种不同含义，充实着聊天内容。

相比之下，即时文本消息在多模式表达方面就显得很匮乏，但这也正是表情包的用武之地、价值所在；表情包让数字化沟通开始有了类似面对面交流中的一些非言语线索，为填补数字化沟通渠道中的这一空白跨出了坚实一步，有利于我们表达情感、减少沟通成本，有利于我们沉浸式的沟通体验。

表情包的重要性还在于，人们对于沟通的质量要求比以往更高。随着科学技术的不断发展，社会文明的不断进步，人的情感变得更加细腻，如果将人的情感以数值来划分，过去的人的情感可能用整数即可以表示，现在的人的情感则更加细腻，需要细化到小数才行。

这有诸多原因，相比过去，一是，人们从事的体力劳动越来越少，更多的是脑力劳动和思维的训练；二是，人们平均受教育水平不断提升，对于人类自身的认知不断加强；三是，随着物质条件的提高，人的独立空间不断扩大，有着更多独立思考的机会。这些变化都会让人的情感更加细腻，对于情感的感知度更高。这就要求我们在情感输出方面的匹配度要更高，由此才能产生"共情"，而这种"共情"的力量、情感的连接一定能够增进合作，减少冲突，将人类社会送入一条和谐发展的轨道。

数字时代，人与信息的交互方式发生了根本变化，人类社会正在被全方位重构。这种重构，更多是由于人的根本变化。人类社会正处在"数字原住民[①]"与"数字移民[②]"共存的一个拐点期,表情包的流行,毫无疑问,得益于数字原住民,他们在数字媒体中浸润成长,是数字文化中的原住民;他们敢于创造、喜欢张扬个性;他们的思维是非线性、直觉式和具象化的。数字化语言(如电脑、互联网、视频游戏中的)对于他们来说才是真正的"母语"。所以表情包的风靡是必然的,它是思维形态已经发生根本改变的数字原住民一代的表达方式,也是数字移民拉近与数字原住民关系的桥梁,有利于消除代际鸿沟。

表情包作为数字时代的产物,理解了它也就看到了时代的一个断面,可以让我们更好地拥抱时代、拥抱变化。希望本书的出版,可以让我们认识到表情包的重要性,进而去知晓我们应在何种情境中使用表情包、使用什么样的表情包、使用的频率多少为宜等即时通信中有关沟通效率和沟通效果的问题,最终让我们每位读者都能理解交流的本质,都能成为数字时代的高效沟通者。数字科技重构人类社会,体现在方方面面,比如工作方式、学习方式、沟通方式等,本书应该可以为人们解构数字时代的沟通问题提供帮助。

最后,要尤其感谢吴志攀老师对本书倾注的心血,没有吴老师的鼓励、督促与审校,很难在一定时间内高质量完成本书的翻译工作。

[①] 美国教育学家马克·普伦斯基(Marc Prensky)在2001年发表的文章《数字原住民,数字移民》(Digital natives, digital immigrants)中提出的概念。数字原住民指的是出生于数字技术发展和普及的年代,他们一出生就生活在一个数字技术无所不在的网络世界。

[②] 数字移民,指因出生较早,在面对数字技术、数字文化时,必须经历并不顺畅且较为艰难的学习过程者。

译后记 数字时代的沟通——"共情"的力量

感谢北京大学出版社的陈小红、赵晴雪等编辑对本书出版工作的支持与帮助,她们的专业能力给我留下了深刻印象,也为本书带来了更好的知识性。感谢胡婧老师极为细致的审校工作,她将一本生硬的译著修改为一本好读的书,极大地提高了本书的阅读趣味。

想要成为数字时代更好的沟通者,就从阅读本书开始吧!

翁习文

2021年4月

图 1-1　默里在婚礼当天所发的推文

图 1-2　BBC 网站"新闻节拍"页面上的小测验

以下哪项是这个表情包句子的正确翻译?
1. 四名登山者发现了一个他们认为是渡渡鸟蛋的东西。但事实并非如此。这种鸟已在450年前灭绝。
2. 一项民意调查发现,四分之一的人不知道渡渡鸟已灭绝。
3. 四个孩子通过基因再造渡渡鸟而赢得了一项科学竞赛。
答案:2。

图 1-3　肯·黑尔用表情包转译的《爱丽丝梦游仙境》中的句子

图 1-5 伦敦地铁线路图——表情包版

图 1-7 一组展现芬兰国家特点的表情符号

图 1-8　饺子表情符号

图 2-1　一个可邮寄的定制茄子

图 2-2　各大平台的手枪表情符号图案

从左到右分别是：微软的 Windows 10、LG 和苹果的 iOS 10.0

图 3-1　深棕色皮肤的女歌手表情符号的组合方式

右手第二条路,然后一直向前,直到天亮

图 3-4 《小飞侠》中的一句话

Michaela May
🤔🙄💁😑😐🙁 depending on the level of sarcasm being expressed lol

图 4-2 一位推特用户给出的反语表情符号

图 4-4 澳大利亚议员朱莉·毕晓普在圣诞节前发布的推文

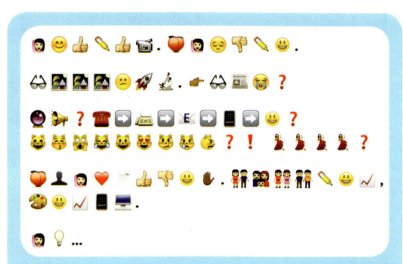

	第一句	第二句
第一行	我以善于用语言甚至视频表达自己而自豪。	但又因我的表情包写作这么差而感到很惭愧。
第二行	试图破解所有这些微小的图片但感觉极其高深。	到目前为止，你是否理解了这篇文章，还是感到沮丧？
第三行	这真的是数字通信的未来吗？	
第四行	九个猫脸的变体？！	萨尔萨舞女郎？
第五行	但是，无论我们文字爱好者是否喜欢它，表情包都在这里。	它们的受欢迎程度飙升，
第六行	表情包调色板在智能手机和计算机中的使用量增长。	
第七行	所以我决定……	

图 5-2 《华尔街日报》中《我如何学习用表情符号写作》一文第一段及其翻译

图 5-1　2016 年苹果操作系统新增表情符号预测功能应用实例

图 5-7　栗田团队制作的第一批表情符号

图 6-4　贝叶挂毯画面中，哈罗德国王正在拯救两名快被流沙淹没的士兵，眼睛突出，以表恐惧

图 7-3　各大平台上"嘻嘻"表情符号样式